디지털 장의사,

잊(히)고 싶은 기억을

지웁니다

디지털 장의사,

잊(히)고 싶은 기억을

지웁니다

김호진 지음

위즈덤하우스

일러두기

본문에 실린 에피소드는 모두 저자가 직접 겪은 사례를 토대로 하였으나 신분
노출을 피하기 위해 이름이나 소속 등의 신상 정보는 모두 임의로 꾸며냈습니다.

나는 기자로 30년 넘게 일했다. 기자는 새로 일어난 사건이나 현상을 남보다 빨리 접하고 취재해서 알리는 직업이다. 날마다 세상엔 무수한 사건, 사고가 일어나지만 널리 알릴 만한 가치가 있는 일들 중 일부만 기사로 보도된다. 기자로 일하며 수많은 일들을 취재, 보도했지만 내 인생 행로에 각별한 영향을 끼친 일이 있었다.

바로 "나에 관해 보도된 과거 기사를 삭제해주세요"라는 독자의 요청이었다. 2000년대 초반 신문사에서 인터넷뉴스를 담당하고 있을 때, 전화 한 통을 받았다. "오래전 신문 기사를 인터넷에서 삭제해줄 수 있느냐" 하는 요청이었다. "포털에서 내 이름으로 검색을 해봤더니, 오래전에 저지른 절도 사건이 실린 신문 기사가 검색됐습니다. 철없던 시절의 일이고, 법에 따라 처벌받은 다음 이미 오래전에 사면과 복권까지 받고, 정부의 공식 기록에서도 지워진 일입니다. 나도 잊고 있던 오래전 기사가 포털에서 내 이름으로 검색돼서 크게 놀랐습니다. 자식이 어리지만, 나중에 커서 내 이름을 검색해볼 것을 생각하니 걱정입니다. 처벌받고 다 끝난 일인데, 제발 삭제해주길 요청드립니다."

전화를 건 사람의 이름으로 검색해보니, 1990년대 초반에 실린 사소한 절도 기사가 검색되었다. 20대 청년이 빈집에 들어가 전자제품을 훔치다 체포된 기사였다. 지금은 신문이나 방송에서 잘 다루지도 않는 수준의 사건이었다. 오히려 사건의 중요성에 비해 상세한 내용이 실려 있어 놀랐다. 확정판결은커녕 기소와 1심 재판도 시작하지 않은 범죄 용의자일 뿐인데도, 가해자뿐만 아니라 피해자의 인적 사항도 고스란히 드러나 있었다. 지금의 보도 기준으로는 상상할 수 없는 일이었다. 만약 지금이런 식으로 기사를 내보냈다가는 용의자와 피해자 모두에게 상당액을 배상해야 할 것이다.

기사 삭제 요청은 타당한 논리와 정당성을 갖추고 있었다. 사법 절차가 끝나 전과 기록마저 삭제되고 스스로도 잊다시피 한 잘못이다. 그런데 인터넷 검색을 통해 오래전 잘못이 다시 드러나 피해를 주고 있는데도, 요청대로 기사를 삭제하거나 수정할 수는 없었다. 언론사 과거 기사 데이터베이스를 관련자의 요청에 따라 삭제하고 수정해준다면, 남아날 기사가 없을 것이다. "과거 기사 삭제 불가"를 통보할 수밖에 없었다.

오래된 기사로 인한 피해 사실은 명확하지만 구제할 방법은 없었다. 고민이 시작됐다. 기사만이 아니었다. 청소년 시절 소셜네트워크서비스SNS에 올린 댓글이 지워지지 않고 한 개인의 경력을 옭아매는 족쇄가 되고 심지어 인생을 파괴하는 경우도 잇따라 일어났다. 세상 모든 정보를 손쉽게 찾아 이용할 수 있는 편리한 '정보의 바다' 인터넷을 사용하는 데 따른 부작용이자 그늘이었다. 하지만 유명 연예인과 청소년 피해자들이 악성댓글로 인해 잇따라 자살하는 현실 앞에서 어쩔 수 없는 인터넷 세상의 일부분이라고 넘길 수만은 없었다. 답을 찾아야 했다.

이를 계기로, 나는 2006년 국내에서 낯선 '잊혀질 권리(잊힐 권리)'의 문제를 최초로 보도하고 논문을 발표하고 2011년엔 《잊혀질 권리》(빅토어 마이어 쇤베르거, 지식의날개)를 번역한 데 이어 2015년엔 '잊혀질 권리와 언론 피해 구제'를 주제로 언론학 박사학위를 받았다. 과거 기사를 삭제해달라는 독자의 전화 한 통에 이후 인생 행로가 상당히 달라졌다고 말하는 이유다.

현실에서 '잊힐 권리'를 구현하기는 매우 어려운 일이다. 누구인지 모를 제삼자의 두뇌 속에 있는 나와 관련한 기억이나 정보를 지워달라고 요청하는 것이 나의 권리라고 말하는 독특한 상황이기 때문이다. '잊힐 권리'가 문학적 표현 정도로 여겨져온 까닭이다. 그런데 모든 것이 기억되고 검색되는 인터넷 세상에서는 문학적 표현이 현실의 권리와 법으로 실체화되고 있다. 2014년 유럽 사법재판소에서 세계 최초의 '잊힐 권리' 판결이 내려지고, 이후 유럽연합 개인정보 보호규정GDPR으로 법제화되었다.

잊힐 권리를 제대로 이해하기 위해서는 이 개념이 등장하게 된 근본 배경인 인터넷 세상의 특성을 살펴야 한다. 인터넷과 스마트폰이 보편적인 소통 수단이 되고 기억의 상시적인 보조 도구가 된 디지털 세상은 인류 역사와 문화에서 매우 이례적인 환경이다. 그동안 인지능력과 사회적 가치체계에서 주요한 기능을 하는 기억은 선택적이었다. 중요하고 가치 있는 것들은 기억되었고, 그렇지 않은 것들은 대부분 망각되었다. 인간 기억의 기본값은 망각이고, 기억은 예외적 상황이었다. 그런데 디지털 세상에서는 반대로 기억이 기본값이 되고 망각이 예외적이다. 이것이 인류 역사와 인지 습관에 잊힐 권리가 등장하게 된 근본 배경이다.

잊히기 위해 별도로 노력하지 않는 이상 모든 것이 기록되거나 기억되고, 검색에 의해서 언제 어디서나 호출되는 디지털 세상이다. 그동안 접근이 불가능하거나 제한적이던 정보가 연결되고 인덱싱되어 검색되는 정보화 세상은 편리함과 함께 전에 없던 그늘도 만들었다. 정보화의 그늘에 대한 인식이 확산되면서 생겨난 것이 바로 잊힐 권리다.

이제는 인터넷과 연결되지 않은 일상생활이 불가능해졌고, 디지털의 영향에서 자유로울 수 있는 사람은 거의 없다. 따라서 잊힐 권리는 유명인이나 공인처럼 미디어에 노출되는 사람들이나 개인정보 보호와 관련해서만 고려될 사안이 아니다. 잊힐 권리는 정보화 세상에서 인간다운 삶을 영위하기 위한 필수 조건이 되는, 즉 모든 사람이 누려야 하는 기본권이 되었다.

미국에서는 소셜미디어와 게시판에서 댓글과 게시글을 삭제 대행해주는 서비스들이 성업 중이다. 대학에서 입학생을 선발할 때나 기업이 신입 사원을 채용하는 단계에서 지원자를 검증하고 평가하는 차원에서 소셜미디어와 사이버 공간에 드러난 발자국을 살펴보는 게 일반적이다. 이런 환경은 인터넷에서 부적절한 게시물을 삭제하거나 관리해주는 '평판 관리 서비스'의 출현을 낳았다. 유럽연합의 '잊힐 권리' 판결과 미국 등에서 성업 중이라는 평판 관리 서비스를 보도하면서 한국은 인터넷 악성 게시물로 인한 피해가 막대한데 왜 관련 서비스가 생겨나지 않을까 의아해하기도 했다.

그러던 차에 산타크루즈컴퍼니 김호진 대표가 인터넷 평판 관리 사업을 시작했다는 소식을 접했고 직접 만나 궁금한 것들을 물어보기도 했다. 인터넷에서 게시물 삭제를 의뢰하는 사람들이 누구인지, 악성댓글로 인해 실제로 어떠한 피해가 생겨나고 있는지, 인터넷 평판 관리 서비스가 국내에서도 사업화가 가능한지 등에 관한 질문이었다. 김호진 대표의 《디지털 장의사, 잊(히)고 싶은 기억을 지웁니다》에는 그동안 내가 궁금해했던 다양한 피해 사례와 처리 절차가 빼곡히 들어 있다.

이 책에는 가슴 아픈 사연들도, 분노를 억누르지 못하게 하는 인물들의 이야기도, 누구나 알 만한 유명인과 평범한 일반인이 겪은 일들도 담겨 있다. 인터넷 세상은 편리하지만, 한번 만들어진 기록은 순식간에 온 세상에 전파되며 웬만해서는 지워지지 않는다. 누군가 나에 관한 정보를 악용하려 들면, 막을 길이 없다. 악성댓글 피해를 유명인이나 나와 관계없는 남의 일로 여길 것도 못 된다. 더욱이 미성년 자녀를 둔 부모는 자녀가 자칫하면 피해자 또는 가해자가 될 수 있는 온라인 세상의 위험에 대해 알고 있어야 하고 자녀에게 가르쳐야 한다. 《디지털 장의사, 잊(히)고 싶은 기억을 지웁니다》는 인터넷 세상을 살아가면서 편리함을 경험하고 있는 우리 모두가 곰곰이 생각해봐야 할 그늘에 관한 이야기다. 따뜻한 가슴의 소유자 김호진 대표가 지워지지 않는 흔적들로 고통

받는 약자들을 도와주기 위해 어려움 속에서도 고군분투
한 자취가 생생히 담긴 인터넷 뒷골목 현장보고서다.

구본권
⟨한겨레⟩ 사람과디지털연구소장,
《나에 관한 기억을 지우라》 저자, 《잊혀질 권리》 번역자

잊히고 싶은 사람들과
함께한다는 마음으로

21세기는 도라에몽의 가방처럼 검색창에 치기만 하면 뭐든 다 나오는 '검색의 시대'다. 대부분의 사람들은 더 이상 기억하기 위해 애쓰지 않아도 된다는 사실에 환호했지만, 검색만 하면 뭐든 다 나오는 세상이, 나나 누군가가 올린 글이나 사진이 영원히 박제되는 세상이 너무 무섭고 공포스럽다는 사람들도 있다.

디지털 사회에서는 무한에 가까운 데이터를 저장하고 분석하고 이용할 수 있다. 엄선되고 정제된 양질의 정보만 기록되고 보관하면 좋으련만, '쓰레기'라고 불려도 전혀 이상하지 않을 정보까지도 지나치게 많이 기록하고 오랫동안 보관하는 불편한 현실을 우리는 그저 잠자코 받아들여야 하는 것일까? 그저 세상이 바뀌었다는 이유만으로?

2008년, 잊히지 못해 고통받는 한 아이를 만난 사건이 내 인생을 완전히 바꿔놓았다. 내가 할 수 있는 일이 있다면 뭐라도 해보고 싶다는 마음에서 시작한 인터넷 기록을 삭제하는 일이 무려 14년째 이어지고 있다. 그 덕분에 국내 디지털 장의사 1호가 될 수 있었고 팔자에 없는 예능 프로그램에 출연하여 유명 연예인과 인터뷰하는 기회까지 생겼다. 그리고 지금까지 디지털 장의사로 일하며 겪었던 일들, 느꼈던 감정, 하고 싶었던 말들을 모아 이렇게 책까지 내게 되었다.

1장에서는 내가 어떻게 디지털 장의사가 되었는지, 어떤 마음으로 디지털 장의사 일을 하고 있는지를 집중적으로 풀어냈다. 2장과 3장에서는 디지털 장의사로 일하며 맞닥뜨렸던 다양한 사건을 추려 소개하고, 각각의 상황에서 어떻게 대처하면 좋을지 이야기했다. 잊히고 싶은 사람들 중에는 피해 당사자인 쪽도, 가해 당사자인 쪽도 있다. 나는 법과 윤리와 양심을 위배하지 않는 선에서 최대한 많은 사람들의 잊힐 권리를 지켜주기 위해 애쓰고 있다. 4장에서는 잊힐 권리를 행사하기 위해 어떤 태도와 행동이 필요한지 설명했다. 불법 촬영, 이미지 조작 등의 사건에 휘말렸을 때 법적인 해결만큼이나 중요한 것이 내 일상을 보호하기 위한 개인적, 사회적 노력이다. 막상 실제로 이런 일이 닥쳤을 때 우왕좌왕하다가 중요한 증거 자료를 확보하지 못하는 등 안타까운 경우를 수없이 많이 봐왔다. '나와 상관없는 일이겠지' 하고 넘겨버리지 말고 꼭 읽어보고 기억해주기를 바란다.

먼저 이 책이 나오게 된 계기를 만들어주신 위즈덤하우스에 감사드린다. 감사한 분들이 너무나 많다. 나와 우리 회사를 믿고 일을 맡겨준 수많은 의뢰인들. 처음 이 일을 시작한다고 했을 때 큰 잡음 없이 묵묵히 자기 자리에서 할 일을 하며 내 의견을 따라준 가족과, 힘들 때마다 격려와 응원을 아끼지 않고 전 재산을 투자해주신 아버지(고故 김희성, 청풍 김씨 청로상장군파清虜上將軍派 26대손) 어머니(이희년, 전주 이씨 회안대군懷安大君 19대손)께 깊은 감사와 존경을 표한다. 이분들의 도움이 없었다면 잊힐 권리 사업은 시작도 못 했을 것이고 디지털 성범죄에 시달리는 사람들의 고통은 아직까지도 공론화되지 않았을 것이다.

2021년 가을, 김호진

차례

추천의 글 **구본권**   5

프롤로그 **잊히고 싶은 사람들과 함께한다는 마음으로**   15

1장   나는 어떻게 디지털 장의사가 되었나

성 착취 가해를 돕는 대가, 1억   25

디지털 장의사를 둘러싼 오해와 편견   33

덕분에 인생을 되찾았다는 말   38

잊히지 못해 괴로울 때 찾아갈 곳   45

우연 같은 운명   51

2장   디지털 장의사가 필요한 사람들

제 사진을 풀겠다고 협박해요   59
성적 촬영물 유포 협박

지웠다는 동영상이 인터넷에 떠 있어요   73
성적 촬영물 비동의 유포

어디에 있어도 찍힐까 봐 불안해요   84
불법 촬영

찍은 적 없는 제 사진이 돌아다녀요   95
성적 합성물 유포

아이의 초상권, 생각해보셨나요?   105
육아 관련 SNS 활동(셰어런팅)

우리 부모님 좀 말려주세요   113
가족의 신상 노출

거짓 소문이 퍼졌어요   120
허위 사실 유포

저를 공격하는 계정이 생겼어요   126
비방 계정

3장 디지털 장의사를 찾는 사람들

학교폭력 처분이 꼬리표가 됐어요   139
학교폭력 가해

생각 없이 쓴 말이었어요   148
악성댓글 기재

과거 게시물 때문에 취업 길이 막혔어요　　　　　157
반사회적 커뮤니티 활동

성추행 의혹이 터졌어요　　　　　165
성범죄 가해

4장　　우리에게는 잊힐 권리가 있다

스스로 예방하는 방법　　　　　177
스스로 대처하는 방법　　　　　185
피해 발생 이후의 마음가짐　　　　　192

에필로그　다시 잊히기 위하여　　　　　199
주　　　　　207

1장

나는 어떻게

디지털 장의사가 되었나

성 착취 가해자를 돕는 대가, 1억

"억울합니다. 호기심에 딱 한 번 들어가서 슬쩍 보기만 했는데도 처벌을 받아야 합니까? 남자들 중에 그런 영상 한 번도 안 본 사람이 어디 있답니까? 솔직히 신상 공개는 너무한 거 아닌가요? 텔레그램 이용 내역 삭제해주시지 않으면 저 진짜 큰일 납니다."

전 세계가 코로나19 대유행의 충격에 빠져 있던 2020년 2월, 우리나라 국민은 또 하나의 충격적인 사건을 맞닥뜨려야 했다. 텔레그램 채팅방을 통한 성 착취 사건, 이른바 'n번방 사건'이 베일을 벗은 것이다.

뉴스 보도가 시작되기 무섭게 우리 회사에는 관련 문의가 빗발쳤다. 텔레그램 기록을 삭제할 수 있느냐는 질문만 해도 수백 건이었다. 사건 자체와 제반 사항에 대해 묻는 언론사들의 연락까지 쏟아졌다. 정상적 업무 진행이 불가능할 지경이었다.

뜬금없이 맞은 일은 아니었다. 언론에 대대적으로 보도되기 며칠 전부터 사건 가해자와 피해자들로부터 의뢰가 있었기에 우리 나름대로 마음의 준비를 하던 차였다. 그런데 사건 규모가 예상했던 것보다 훨씬 컸다. 유포되었다는 파일 몇 개를 보고 나니 평소 내가 자주 하던 말이 입에서 나오지 않았다. 누구나 자신과 관련한 정보를 삭제해달라고 요청할 수 있어야 한다는 말, 가해자에게도 잊힐 권리가 있다는 말이.

아무리 어려워도 지켜야 할 선이 있다

'n번방 사건' 당시 회사 사정이 꽤나 어려웠었다. 코로나 19 유행 이후 기업체 등의 평판 관리 의뢰가 급격히 줄어 한 달 한 달 넘기기가 빠듯한 상황이었다. 그 와중에 텔레그램 성 착취 사건 가해자들이 데이터 삭제 건당 적게는 1000만 원, 많게는 1억 원을 지불하겠다고 제안을 해오니 잠깐이나마 딴생각이 들기도 했다. 유포된 영상을 보기 전이었고, 그때까지만 해도 가해자들에게도 '잊힐 권리'가 있다는 생각에는 변함이 없었다.

만약 그때 그 의뢰들을 받았다면 한동안 회사 운영 걱정은 덜었을 것이다. 그러나 디지털 장의사로서의 내 정체성과 우리 회사가 14년간 쌓아온 신뢰는 허물어졌을 것이다. 우리 회사를 찾는 개인 의뢰인의 대다수는 디지털 성범죄 피해를 입은 10~20대 여성이다. 텔레그램 성 착취 사건 가해자의 의뢰를 처리한 손으로 피해자들의 손을 어떻게 잡아줄 수 있겠는가.

경찰은 계속 수사를 진행하고 있었다. 텔레그램 성 착취 사건 가해자의 개인정보는 수사 당국에 유용한 제보가 될 터였다. 모두의 인권을 지켜야 한다는 것이 내 기본 방침이지만 공공의 안녕을 그보다 우선할 수는 없었다. 결론을 내렸다.

회사 홈페이지에 공지를 올렸다. 우리 회사는 지금까지 텔레그램 성 착취 사건 가해자의 그 어떤 의뢰에도 응하지 않았고 앞으로도 응하지 않을 계획이라고 썼다. 불법 촬영물 문제가 사라지지 않는 까닭은 보는 사람이 존재하기 때문이므로 접속한 사람 모두에게 잘못이 있다고 적었다. 호기심에 잠깐 들어가 본 것뿐이라던 숱한 변명에 대한 답변이었다. 허리띠를 졸라매며 전전긍긍하면서도 내 선택이 옳다고 믿었다.

아니 땐 굴뚝에 연기가 날 수도 있다니

텔레그램 성 착취 사건 관련 가해자가 검거되었다는 소식이 속속 들려오던 2020년 3월의 어느 날, 한 기자에게서 전화가 왔다.

"산타크루즈컴퍼니에서 텔레그램 성 착취 사건 가해자들의 접속 이력을 돈 받고 삭제해준다고 하던데, 사실입니까?"

저런 오해를 막기 위해 공지까지 띄웠건만 사실과 다른 소문이 퍼지고 있는 듯했다. 어찌 된 영문인지 알아보니 우리 회사 이름을 걸고 사기를 치는 업체가 있었다. 메신저 채팅방에 우리 회사 로고를 버젓이 올려두고 활발하게 영업 중이었다.

마음만 먹으면 사칭 업체 연락처쯤은 금방 알아낼 수 있었다. 당장 연락해 따져 묻고 싶은 마음이 불쑥 솟았지만 감정을 앞세웠다가는 일을 그르칠 것 같았기에 화를 가라앉히고 의뢰인으로 가장해 사칭 업체의 채팅방에 들어가 보았다.

> 나_ 안녕하세요. 텔레그램 n번방에 접속한 이력이 있는데 제 기
> 록 삭제 가능할까요?
>
> 사기꾼_ 네, 가능합니다. 방문 이력은 물론이고 이용 내역까지 모
> 두 삭제해드릴 수 있습니다.
>
> 나_ 텔레그램은 보안이 철저한 걸로 알고 있는데…. 더군다나 우
> 리나라 앱도 아니고요. 진짜 가능한가요?
>
> 사기꾼_ 네, 걱정하지 마세요. 싹 다 지워드릴 수 있어요. 잠시만
> 요. 제가 하는 작업을 잠깐 보여드릴게요.

　사칭 업체 측에서 보여준 것은 윈도우 명령 프롬프
트 화면이었다. 컴퓨터 좀 다룰 줄 안다 하는 사람이라면
누구나 한눈에 알아볼 이미지였다. 그걸 데이터 삭제 전
문 업체의 고유 프로그램 화면인 양 당당하게 내밀다니,
사기는 아무나 치는 게 아니구나 싶었다.
　내가 짐짓 감탄하는 체하자 사기꾼은 "누구나 한 번

쯤 그런 영상 볼 수도 있는 거니까 너무 죄책감 갖지 말라"고 했다. 구체적인 의뢰 방법을 물으니 거래는 비트코인으로만 한단다. 나는 비트코인 거래를 해본 적이 없어 계좌 이체를 하고 싶다고 답했다. 그 뒤로 저쪽은 한참 동안 말이 없었다. 채팅방은 이내 폭파됐다.

　다른 아이디로 다시 채팅방에 들어가 사기꾼의 거짓말을 더 수집했다. 모은 자료를 경찰청 사이버 수사국에 전달해 수사를 의뢰했는데 결과는 당황스럽게도 '혐의 없음'이었다. 돈을 주고받은 이력이 없기 때문에 책임을 물을 수 없다는 것이었다. 분노가 쉽게 가시지 않았다.

　몇 날 며칠 속앓이를 하다가 다시 공지 글을 작성했다. 우리 회사는 전화로 의뢰를 받으므로 채팅방 등에서 이루어지는 상담은 우리 회사와 무관하다는 사실을 알렸다. 텔레그램 성 착취 사건 가해자의 데이터는 삭제하지 않는다는 점 또한 재차 분명히 밝혔다.

　그간 가짜 뉴스와 허위 게시물을 숱하게 추리고 정정하고 삭제해왔지만 나와 우리 회사가 피해자 입장이

될 줄은 미처 몰랐다. "제가 한 말이 아니에요." "제가 올린 사진이 아니에요." 피해자에게 자주 들었던 말 속에 담긴 억울함이 그제야 비로소 가슴 깊이 와닿았다. 아니 땐 굴뚝에 연기가 날 수도 있었다.

한편으로는 기운이 빠졌다. 사칭 사기의 바탕에 깊은 오해가 있다는 생각이 들어서였다. 사기꾼의 말을 종합해보면 디지털 장의사의 업무란 사회 정의와 공권력을 무시해가며 범죄자의 그릇된 도피를 돕는 일인 것이다. 나에게 연락했던 기자의 질문에도 비슷한 오해가 묻어 있었다. 내가 하는 일이 우리 사회에 어떻게 기여하는지 널리 알리고 싶었으나 당시에는 이러한 오해를 풀기에도 바빴다.

디지털 장의사를 둘러싼 오해와 편견

그렇지 않아도 "사기 아니냐, 불법(해킹) 아니냐, 가해자들과 짜고 치는 고스톱은 아니냐" 하는 오해들로 이미지가 썩 좋지 않았는데, 디지털 장의사의 이미지에 제대로 먹칠을 하는 사건이 일어났다. 2020년 7월, 텔레그램 성착취 사건의 범인 중 한 명을 추적했다는 발언으로 유명해진 디지털 장의사 모 씨가 미성년자가 나오는 동영상 등 불법 촬영물을 소지한 혐의로 검찰에 넘겨진 것이다.[1]

  사실 그는 이전에도 성범죄 관련 혐의로 몇 차례 뉴

스에 나온 적이 있었다. 국내 최대 규모의 성 착취물 사이트에 배너광고를 의뢰하고, 해당 사이트 관계자에게 게시물 삭제 처리를 독점할 수 있게 해달라고 요청했던 전적도 있고, 본인이 운영하는 사이트에 불법 촬영물이 올라가는 게시판을 열어두고 직접 관여한 적도 있었다.[2]

디지털 장의사에 대한 세간의 인식이 순식간에 곤두박질쳤다. 피해자를 구제한다고 목소리를 높이던 사람이 불법 사이트와 결탁해 피해자를 양산했다니 내가 들어도 기가 찰 노릇이었다. 누군가에게 내 직업을 말할 때마다 저 사건부터 떠올릴까 싶어 속상했다. 더불어 자존심도 몹시 상했다.

하기야 나를 잘 아는 일가친척과 학교 동문들도 내 일은 썩 잘 알지 못했다. 무슨 일을 하느냐는 질문에 '불법 게시물을 삭제하는 일'을 한다고 대답하면 "그거 특별히 하는 일 없이 인터넷 서핑이나 하면서, 남들은 돈 주고도 못 보는 비밀스러운 영상 맘껏 보는 팔자 좋은 일 아니야?"라는 말을 거침없이 내뱉었다. 나를 가까이에서

34

지켜본 이들도 이리 생각하는데, 일면식도 없는 사람들
이야 오죽하랴.

뜻밖의 기회, 디지털 장의사의 진심

반전의 기회는 뜻하지 않은 형태로 찾아왔다. 한 방송사
에서 연락이 온 것이다. 텔레그램 성 착취 사건 관련 인
터뷰를 인상 깊게 읽었다며 토크쇼 형식의 예능 프로그
램 출연을 요청해왔다. 디지털 장의사라는 직업과 잊힐
권리에 대한 솔직한 이야기를 들려주면 좋겠다는 제안이
었다.

　카메라 불만 들어오면 긴장을 심하게 하는지라 좋은
기회인 줄 알면서도 한참 망설였다. 결국 출연하기로 마
음을 굳히게 된 건 우리 회사를 사칭하는 업체와 내 직업
을 매도하는 목소리들 때문이었다.

　두 MC를 비롯한 제작진이 편안한 분위기를 이끌어

준 덕분에 하고 싶었던 말을 차분히 잘 풀어낼 수 있었다. 워낙 인기 있는 프로그램이니 한마디 한마디가 널리 퍼질 터였다. 디지털 장의사에 얽힌 오해와 편견을 어느 정도 걷어낸 것 같다는 느낌이 들었다.

방영 이후 반가운 연락을 많이 받았다. 오랜만에 사람들을 만나러 다녔다. 주변 반응은 그야말로 난리였다. 알고 보니 김호진이 훌륭한 일을 하고 있었다고, 한 분야의 전문가로서 방송에 나오다니 출세했다고들 했다.

이 업계에 처음 발을 디뎠던 무렵, 나는 지인들을 붙잡고 내 일에 대해 열심히 설명했다. 잊힐 권리라는 게 뭔지, 디지털 데이터 삭제 업종이 왜 유망한지, 평판 관리가 앞으로 얼마나 중요해질지를 이야기했다. 하지만 당시에는 관심을 보이는 사람이 별로 없었다. 디지털 장의사라는 직업이 왜 필요한지 잘 모르겠다는 반응들뿐이었다.

그런데 이제는 저쪽에서 먼저 내가 하던 이야기를 꺼냈다. 호기심을 품고 질문까지 던져주는데 정말 감회

가 새로웠다. 고비마다 마음 한편에 쌓였던 좌절과 절망
이 눈 녹듯 사라졌다. 처음 칭찬받은 어린아이처럼 어깨
가 으쓱 올라갔다. 한동안 술자리 계산은 내가 도맡아 하
고 다녔다.

덕분에 인생을 되찾았다는 말

한때 배우를 꿈꿨다. 고등학생 시절 우연히 본 연극에 매료되어 서울예술대학교에서 연극을 전공했다. 졸업할 무렵에야 내가 남들 앞에 나서는 일을 별로 좋아하지 않는다는 사실을 알게 되었다. 배우가 되기에 적합한 성격은 아니었던 것이다.

취업 문제를 고민하던 중에 가까운 선배의 추천으로 모델 캐스팅 디렉터 일을 하게 되었다. 모델의 눈빛 하나, 손짓 하나만 봐도 브랜드와의 합이 머릿속에 척척 그

려졌다. 그 이후 15년 동안 수많은 모델을 발굴해냈고 그 중 다수가 스타의 반열에 올랐다. 내 적성에 맞는 직업이었다.

하지만 좋은 안목만으로 일을 해나갈 수는 없었다. 광고주는 여러 회사에 의뢰해 모델을 찾는다. 계약을 따내기 위해서는 광고주와의 관계를 돈독히 다지는 데 신경을 써야 했다. 이기지도 못하는 술을 주 5회 들이부으며 을의 입장에서 눈치 보는 일이 육체적으로도 그렇지만 심적으로 여간 힘든 것이 아니었다.

한번은 젊은 광고주가 밤늦은 시간에 전화를 했다. "김 대표, 지금 어디야? 이리로 급히 와줘야겠어." 큰 거래처 사장의 말을 무시할 수 없어 총알택시를 탔다. 서둘러 도착했는데도 그는 역정을 냈다. 사람을 기다리게 하다니 실례 아니냐는 것이었다. 한참 소리를 지른 그가 뒤늦게 나를 부른 이유를 말했다. "여기 계산 좀 대신 해줘야겠어. 이분은 집에 잘 모셔다드리고."

머릿속의 나는 솔직하게 화를 내며 술상을 엎고 있

었지만 실제로는 이렇다 할 대꾸를 하지 못했다. 큰 광고
건이 달려 있었기 때문이다. 이 자리에서 멋대로 굴었다
가는 가족과 회사 식구들의 생계가 위험해질지도 모른다
는 생각을 하니 부아가 치밀어도 지갑을 꺼낼 수밖에 없
었다.

　더럽고 치사하다는 생각이 들 때마다 세상에 쉬운
일이 어디 있겠냐고 스스로를 다독이는 수밖에 별도리가
없었다. 회사를 꾸리고 있으니 그만두고 싶다고 해서 쉽
게 빠져나올 수 있는 처지도 아니었다. 하지만 버티기가
점점 힘들어졌다. 그 무렵 한 아동 모델과 관련된 사건을
해결하면서 나는 직업 변경의 기로에 서게 되었다.

"이 악성댓글들, 우리가 지워보면 어떨까요?"

채원이는 당시 초등학교 5학년 학생이었다. 밝고 건강한
매력이 있는 아이였다. 자신을 억지로 꾸미려 들지 않고

천진한 모습을 그대로 드러냈다. 캐스팅 디렉터로서도 그러했지만 한 아이의 아버지로서 보기에도 참 귀여웠다. 대중도 비슷하게 생각하리라 짐작했다.

아동 모델을 찾고 있던 광고주에게 소개하니 오케이 사인이 떨어졌다. 최종 발탁 소식이 전해지자 채원이도, 채원이 부모님도 굉장히 기뻐했다. 이윽고 채원이가 출연한 TV 광고가 전파를 타기 시작했다. 사건은 그 직후에 벌어졌다.

채원이의 안티 카페가 생겼다. 수위 높은 인신공격이 줄을 이었고 모델 본인과 가족의 신상 정보가 떠돌아다녔다. 채원이는 불안 증세에 시달렸다. 사람이 두려워 학교에 가지 못하고 정신과 치료를 받았다. 부모님은 하루라도 빨리 광고를 내려달라고 했지만 내 권한 밖의 일이었다. 일단 방법을 찾아보겠다고 했으나 눈앞이 캄캄했다. 무슨 수로 안티 카페를 없애고, 채원이의 신상 정보를 인터넷상에서 내린다는 말인가.

하루 반나절을 꼬박 컴퓨터 모니터만 바라봤다. 딱히

묘안이 떠오르지 않았다. 속이 타들어가니 입안이 바싹바싹 말랐다. 한 시간이 일주일처럼 길게 느껴졌다. 주변에 사정을 이야기해봐도 광고 기간 끝날 때까지 기다려야 하지 않겠냐는 등 경찰에 신고하면 된다는 등 속 편한 소리만 했다. 채원이 부모님은 이미 경찰서에 다녀온 상태였다. 광고 방영이 끝날 때까지 기다릴 수 있었다면 애초에 나에게 연락하지 않았을 것이다. 몇 번째인지 모를 한숨을 쉬고 있는데 직원 한 명이 조심스레 입을 열었다.

"대표님. 이 댓글들, 저희가 지워보면 어떨까요?"

눈이 번쩍 뜨였다. 해볼 만했다. 컴퓨터 전공자는커녕 인터넷 사용에 능숙한 사람 하나 없었지만 다들 열의를 보였다. 마냥 활발했던 열두 살짜리 어린아이가 잔인한 글에 상처를 받아 잠도 못 자고 울고만 있다니 뭐라도 해야 하지 않겠냐는 분위기가 만들어졌다. 그때부터 전 직원이 게시물 삭제에 매달렸다.

지금이야 데이터를 수집하는 프로그램과 삭제 처리 매뉴얼을 활용하지만 그때는 아무것도 없었기 때문에 삭제 대상을 하나하나 찾아 일일이 삭제 요청을 넣어야 했다. 게다가 처음에는 어느 사이트에 어떻게 접근해야 하는지, 삭제해야 할 글을 찾으려면 어떤 검색어를 넣어야 하는지도 몰라서 진땀을 뺐다.

사이트 관리자에게 신고해 삭제를 부탁하기도 하고 댓글 작성자에게 메시지를 보내 직접 삭제해줄 것을 요청하기도 했다. 다행히도 무작정 뛰어들어 부딪치다 보니 점차 요령이 생겼다. 작업을 해나갈수록 처리 속도도 빨라졌다. '과연 삭제가 가능할까?', '이걸 전부 지울 수 있을까?'라는 의구심은 '이 정도 속도라면 생각보다 빨리 끝낼 것 같은데?'라는 자신감으로 바뀌었다. 채원이에 대한 악성 게시물은 일주일도 채 지나지 않아 모두 삭제되었다.

채원이네 가족을 사무실에서 다시 만나 게시물 삭제 과정과 결과를 전달했다. 다른 사람의 속마음을 정확히 알 길은 없는데도 채원이와 부모님이 진심으로 안심하고 기뻐한다는 느낌이 들었다. 눈물과 감사 인사와 그간의 고생에 대한 위로가 사무실 안을 한바탕 휘돌았다.

그날 나는 특별한 인사를 받았다. 평소에 듣던 "덕분에 좋은 모델을 찾았다", "딱 맞는 모델을 찾아줘서 광고 효과 좀 봤다"라는 인사와는 달랐다. 채원이와 부모님은 새로운 인생을 선물받은 것 같다고 했다. 우리 덕분에 살았다고, 정말 감사하다고 했다. 기분이 묘했다. 이토록 깊은 감사 인사를 들어본 적이 있던가. 어떤 일을 마치고 이만큼이나 충만하고도 시원한 기분을 만끽한 적이 있던가. 나야말로 새로운 인생을 선물받은 듯했다.

어린 시절에 막연히 누군가에게 희망을 주는 사람이 되었으면 좋겠다는 생각을 했다. 나이 마흔이 넘어가니 기왕 사람으로 태어났는데 의미 있는 일을 하며 가치 있는 삶을 살아보고 싶다는 마음이 커졌다. 하지만 마음뿐이었다. 손에 잡히지 않을 꿈 같아 엄두를 내지 못했다. 채원이네 가족의 인사가 그 꿈에 실체를 불어넣는 법을 비로소 일깨워주었다. 퇴근길에 본 하늘이 그날따라 유난히 가까웠다.

잊히지 못해 괴로울 때 찾아갈 곳

스팸메시지를 받아본 경험이 누구나 한 번쯤은 있을 것이다. 어디에서 연락처를 입수했는지 모를 일이다. 분명한 점은 내 개인정보가 새 나갔다는 것이다. 인터넷을 통해 퍼졌을 가능성이 크다. 디지털 사회에서는 정보의 주인공이 원하지 않는데도 타인의 의도에 따라 정보가 퍼지는 일이 흔히 일어난다.

'잊힐 권리'라는 개념은 바로 이러한 문제 때문에 생겨났다. 잊힐 권리란 자신과 관련한 정보를 삭제할 권리를 뜻한다. 인터넷에 떠도는 나에 대한 정보가 틀렸거나 지나치게 부정적이어서 심각한 피해를 입었다면 해당 정보를 지워달라고 요구할 수 있어야 한다는 이야기다.

채원이에 대한 악성 게시물을 삭제한 이후 비슷한 일을 겪은 사람들이 알음알음 찾아왔다. 그들의 데이터 삭제 작업을 이어가는 과정에서 잊힐 권리에 대해 알게 되었다. 알고 보니 인터넷이 발전할수록 중요해지는 개념이었다. 유럽에는 부정적인 게시물을 관리하고 삭제하는 일을 전문으로 처리하는 기업이 존재했다. 우리나라에서도 곧 유망해질 직종이라고 보았다. 인터넷 강국에 사는 사람들이 잊힐 권리의 중요성을 깨닫는 것은 시간 문제였다.

알면 알수록 매력적인 사업이었다. 무언가에 꽂히면 바로 알아보고 뛰어들어야 직성이 풀리는 성미여서 마음 같아서는 당장 새로운 사업을 시작해보고 싶었다. 하지만 모델 캐스팅 에이전시를 바로 접지는 못했다. 이미 벌려놓아 마무리해야 하는 일이 많았다. 직종을 변경하면 일자리를 잃게 될 직원들의 거취 문제도 고민거리였다.

5년여 동안 이어진 갈등은 우연한 계기로 끝이 났다. 오랜만에 만난 한 사람이 내 등을 밀어주었다. 이 귀인에 대해 이야기하려면 잠깐 과거로 돌아가야 한다.

잊힐 권리를 누리지 못하는 삶은
얼마나 고통스러운가

내가 어렸을 적 우리 부모님은 작은 인형 공장을 운영했다. 공장에서 일하는 사람 가운데 선영 누나라는 이가 있었다. 누나는 어느 날 갑자기 떠난다는 말 한마디 없이 종적을 감춰버렸다. 몇 달 만에 돌아온 누나는 부쩍 수척해져 있었다.

동네 사람들은 선영 누나만 지나가면 수군덕거렸다. 소문에 날이 갈수록 살이 붙었다. 이웃 동네 날건달이랑 사귀었다더라. 둘이 사랑의 야반도주를 감행했다더라.

알고 보니 날건달에게 처가 있었다더라. 본처에게 발각되어 난리가 났다더라. 본처에게 맞은 끝에 배 속 아이를 유산했다더라. 웬만한 막장 드라마 저리 가라였다.

어머니에게 이웃 사람들 말이 사실이냐고 물었다가 꾸중을 들었다. "네 눈으로 직접 보고 네 귀로 직접 들은 거 아니면 믿지 마라. 안 좋은 말 함부로 전하고 다니는 거 아니데이." 어머니는 몇 년이나 데리고 있던 아이가 험한 소리 듣는 상황을 몹시 안타까워하셨다. 세상에서 가장 무서운 것이 사람들 세 치 혀라며 우리 남매를 두고 말조심하라 신신당부하셨다.

사람들이 뭐라 하든 상관없다는 듯 조용히 일하던 선영 누나는 어느 날 또다시 사라졌다. 누나를 다시 만나게 된 건 그로부터 30여 년이 흐른 뒤였다. 어떻게 소식을 들었는지 우리 아버지 장례식장에 누나가 찾아온 것이다.

그날 비로소 누나에게서 들은 진실은 소문과 한참 거리가 멀었다. 날건달과 연애는커녕 협박을 당했었다고 했다. 노름에 빠진 누나 아버지가 그에게 돈을 빌렸던 것이다. 아버지 대신 책임을 지라는 으름장에 겁이 난 누나는 친척 집으로 도망가 숨어 있었다고 했다. 몇 달 뒤 빚쟁이들이 잠잠해져 살던 집으로 돌아왔더니 동네 사람들 눈초리가 사납더란다. 지금이라면 무슨 말 같지도 않은 소리냐며 화를 냈을 텐데 열아홉 살이었던 그때는 어쩔 줄 모르고 속만 태웠다면서 누나는 어깨를 들썩였다.

공장에서 멀리 떨어진 곳으로 거처를 옮기면 문제가 해결될 줄 알았는데, 헛소문은 끈질겼다고 했다. 누군가가 꼭 누나를 알아보더라고 했다. 이미 가정을 꾸린 누나 뒤에 예전에 유부남과 바람나 도망친 사람이라는 꼬리표가 따라붙더란다. 오래도록 이어진 그 지독한 괴롭힘에 비하면 빚쟁이들이 부린 횡포 따위는 아무것도 아니었다고 누나는 말했다.

잊힐 권리를 행사하지 못하는 삶이란 이다지도 고통스러운 것이다. 잘못된 정보를 바로잡을 권리를 진작 보장받았더라면, 잊힐 권리를 행사하도록 도와주는 사람이 있었더라면, 몸이 아플 때 병원에 가듯이 어떤 정보 탓에 삶이 망가질 때 으레 찾아갈 곳이 있었더라면 누나는 훨씬 행복하게 살았을 것이다.

내가 그런 곳을 만들 수 있을 것 같았다. 채원이를 도운 경험이 있었고 더 많은 사람을 돕고 싶다는 의욕도 있었다. 잊히지 못해 힘들어하는 사람에 비해 그들을 위해 나서겠다는 사람은 적으니 물꼬를 한번 터보자는 생각이 들었다.

며칠 뒤 마음을 굳혔다. 모델 에이전시를 접기로 하고 사무실 한쪽에 컴퓨터부터 몇 대 들여놓았다. 우리나라에서 처음으로 디지털 데이터 삭제 업무를 시작한 회사 '산타크루즈컴퍼니'가 그렇게 탄생했다. 동시에 나는 국내 1호 디지털 장의사가 되었다.

우연 같은 운명

가족은 새 사업을 반기지 않았다. 주위 사람들은 직업에 대한 내 설명을 이해하지 못했다. 전 회사 직원들도 적잖이 당황했을 것이다. 이 일이 잘될 거라고 확신하는 사람은 나 하나뿐이었다.

내 확신은 얼마 지나지 않아 힘을 잃었다. 할 일이 없었다. 의뢰 연락이 통 오지 않았다. 어찌 보면 당연했다. 부정적인 게시물 삭제를 업으로 삼은 사람이 나라 전체에 나밖에 없는데 다른 이들이 내 존재를 무슨 수로 알고 찾아오겠는가. 온라인상에서 평판을 관리해야 한다고 말할 때마다 그게 무슨 말이냐고들 되묻는데 정체 모를 서비스를 해달라고 부탁할 이유가 없지 않겠는가.

엎친 데 덮친 격으로 사기까지 당했다. 업무에 필요한 프로그램 개발에 억 단위의 비용을 투자했는데 동업자가 그 돈을 들고 사라져버린 것이다. 가족은 물론이고 주변 사람들 볼 낯이 없었다. 괜한 일을 벌였다가 화를 입었나 싶어 겁이 났다.

하지만 채원이 일을 해결했을 때 느낀 특별한 기분을 잊을 수 없었다. 앞으로 데이터 관리를 원하는 사람이 많아질 것이라는 예측은 여전히 유효했다. 포털사이트에 업체 정보를 등록하고 데이터 삭제 업무를 한다는 안내를 내걸었다.

사업 구상 초기에 상정했던 주요 고객층은 연예인과 기업이었다. 그런데 포털사이트에 '삭제'라는 키워드가 걸리니 디지털 성범죄 피해자들이 찾아오기 시작했다. 어느 누구보다도 데이터 삭제가 절실한 사람들이었다.

"동영상을 삭제해달라"는 짧은 말조차 제대로 끝맺지 못할 정도로 심하게 울면서 연락하는 의뢰인이 많았다. 이 사회에 필요한 일을 한다는 사실을 실감하며 작업을 해나갔다.

입소문이 퍼진 뒤부터 기업 고객의 의뢰가 들어왔다. 악의적 비방을 일삼는 소비자인 '블랙컨슈머'가 쓴 게시물을 지우기 시작하면서 지속적으로 기업 관련 게시물을 살피는 평판 관리 서비스를 실시하게 되었다. 그즈음 위태롭던 사업이 자리를 잡았다.

이 일을 하는 이유,
정의로운 사회에 기여하고 있다는 자부심

"업종 변경을 후회하신 적은 없나요?" 한 인터뷰에서 저런 질문을 받은 적이 있다. 물론 있다. 얼마가 들든 상관없으니 삭제만 해달라던 의뢰인이 작업 종료 후 돌변했을 때, 모니터링 좀 했답시고 너무 비싸게 받는 거 아니냐며 우리 회사를 사기꾼 집단으로 몰았을 때, 인터넷서핑으로 쉽게 돈 번다며 우리가 하는 일을 폄하하는 애먼 말을 들었을 때, '무슨 부귀영화를 보겠다고 이 일을 시작했을까' 이런 생각을 안 해본 것은 아니다.

종일 컴퓨터 앞에 앉아 불법 게시물을 찾는 일도, 그 게시물을 삭제해달라고 각 사이트에 요청을 넣는 일도 쉽지도 않거니와 그리 재미나지도 않다. 육체적으로나 심적으로나 큰 에너지를 쏟아야 해서 매일 일을 마치고 나면 피곤이 몰려온다. 벌이라도 넉넉하면 좋을 텐데 직원들 월급을 챙겨주기가 매달 녹록하지 않다. 그럼에도 포기하지 않고 차곡차곡 쌓아온 노력을 쉽게 이용하려는 사람을 만날 때면 회의가 든다. 삭제 작업 노하우를 쏙 빼 간 사람과 우리 회사를 사칭해 사기 행각을 벌이는 사람을 상대했을 때에는 허탈하기 그지없었다. 겨우 이런 일을 당하려고 고생해가며 여기까지 왔나 싶었다.

그렇다고 해서 일을 아예 그만두고 싶다고 생각해본

적은 없다. 이 일을 내 운명이라 받아들이고 있다. 운명은 우연으로 가장해 찾아온다고 했던가. 채원이에 대한 악성 게시물 문제를 IT 전공자가 아닌 내가 해결한 것, 그 뒤로 잊힐 권리에 관심을 갖게 된 것, 수십 년 만에 선영 누나를 만나 전직을 결심한 것까지 모두 예상 밖이었다. 당시에는 왜 이런 일이 일어날까 하고 신기하게 여겼지만 돌아보면 그저 처음부터 내 길을 밟아온 것만 같다.

다른 일을 해서 돈을 벌어보기도 했고 생활의 여유를 얻어보기도 했다. 지금 하는 일로 얻은 것은 정의로운 사회에 기여하고 있다는 자부심이다. 일을 하면서 얻었던 것들 중에서 가장 마음에 든다. 그 덕분에 가끔 후회하고 종종 힘들어하면서도 14년째 디지털 장의사라는 직함을 지켜오고 있다.

2장

디지털 장의사가

필요한 사람들

제 사진을 풀겠다고 협박해요

성적 촬영물 유포 협박

핸드폰 화면에 모르는 전화번호가 뜨면 받지 않는 사람이 많을 것이다. 대부분 '급한 일이라면 메시지라도 보내겠지' 하고 핸드폰을 덮어버린다. 나는 잘 때나 중요한 업무를 보고 있을 때가 아니면 오는 전화를 거의 다 받는다. 그러다 한번은 보이스 피싱을 당했다. "결제되었습니다"라는 말을 듣고 놀라서 통장을 확인해보니 몇만 원이 빠져나간 뒤였다.

　그렇다고 전화를 가려 받을 수는 없다. 지금부터 전

할 사연들을 만나고 나면 내가 왜 어떤 전화든 일단 받으려 하는지 이해하게 되지 않을까 싶다.

친구 녀석이랑 오랜만에 술잔을 기울이던 중이었다. 모르는 번호로 전화가 걸려왔다. 친구는 이런 늦은 시간에 무슨 급한 일이 있겠냐며 술이나 마시자고 했지만 같은 번호로 부재중 전화가 세 통이나 와 있다는 것은 '무슨 급한 일'이 일어난 것이다.

"산타크루즈컴퍼니 김호진입니다."

"…."

"여보세요?"

"…."

말 없는 상대방을 향해 "여보세요"만 되풀이하니 친구 녀석이 내 핸드폰에 귀를 가져다 대며 누구냐고 물었다. 또 보이스피싱 당하지 말고 끊으라는 친구의 성화까지 조용히 듣고 있던 상대방은 이윽고 아주 작은 목소리로 운을 뗐다.

"저기… 동영상 삭제해주는 데… 맞죠?"

가해자의 요구를 들어줘도
문제는 해결되지 않는다

열여덟 살쯤 되었을 것 같은 여자아이의 목소리였다. 그렇다고, 무슨 일이냐고 묻자 아이는 울음부터 터뜨렸다. 친구를 향해 나갔다 오겠다고 손짓한 뒤 조용한 곳으로 자리를 옮겼다. 진정이 되면 말하라고 아이를 다독인 뒤 10여 분을 기다린 끝에 이야기를 들을 수 있었다.

하루하루가 무료하다고 생각하던 고등학생 하나는 랜덤 채팅 앱에 접속했다. 애인 될 사람을 찾는다는 무수한 메시지를 넘기고 대화 상대를 구하는 동갑내기 여자아이에게 쪽지를 보냈다. 수다 떨 친구를 기다리고 있었다던 그 아이는 말주변이 좋고 아는 것이 많았다. 채팅이 끝날 즈음 그 아이가 모바일 메신저로 연락해도 되냐고 물었을 때 하나는 선선히 응했다. 대화 잘 통하는 여자아이와 메신저로 대화하는 것쯤 별일 아니라고 생각했던 것이다.

며칠 동안 하나와 소소한 대화를 주고받던 그 아이가 하루는 고민을 털어놓았다. 다이어트를 해야 할 텐데 군것질을 너무 좋아해서 큰일이라는 것이었다. 하복을 입을 때마다 몸매가 드러나서 불편하다고 했다.

　　네 몸매는 어떠냐는 물음에 하나는 자신 또한 다이어트 문제로 고민 중이고 가슴이 너무 커서 신경 쓰일 때가 많다고 대답했다. 그 아이는 공감이 간다며 서로 몸매 사진을 주고받자고 했다. 하나가 머뭇거리자 그 아이가 자기 사진을 먼저 보내주었다. 속옷만 입고 찍은 사진이었다.

　　상대방 사진을 보고 나니 자기 사진을 안 보내주기 뭐한 분위기가 됐다. 하나도 속옷 차림으로 사진을 찍었다. "너만 보고 빨리 지워야 돼!"라는 메시지와 함께 전송했다. 그 아이는 이내 못 믿겠다는 반응을 보였다. 상상했던 것보다 몸매가 좋다며, 속옷으로 몸매를 보정한 것은 아니냐고 했다.

　　그러고는 실제 몸매를 보고 싶다며 속옷을 벗은 사

진을 보내달라고 했다. 그 아이는 같은 여자끼리 뭐 어떠냐고 했지만 하나는 영 내키지 않았다. 좀 그렇다고 거절하니 집요한 부탁이 이어졌다. 하나는 무섭다는 생각이 들어 그 아이와 연락을 끊었다.

얼마 후, 학교 친구들이 잠깐 얘기 좀 하자면서 하나를 불렀다. 친구들이 보여준 메신저 캡처 화면을 본 하나는 숨을 삼켰다. 그 아이에게 건넸던 사진들이 보였다. 모자이크 처리가 된 상태였지만 하나가 알아보기에는 충분했다. 친구들은 하나에게 이 사진을 정말 네가 찍은 거냐고 물었다.

어떻게 된 일인고 하니, 그 아이가 하나 친구들의 연락처를 알아내 단체 대화방에 몽땅 초대한 것이었다. 그 방에 하나의 사진을 올리면서 이렇게 말했단다. "하나가 채팅방에서 남자들한테 뿌리는 사진 볼래?" "나 신고할 생각은 하지 마. 너희 전화번호 다 알고 있으니까."

하나는 시치미를 뚝 뗐다. 사진 속 인물은 내가 아니니까 사진을 보낸 사람이 뭐라고 하든 믿지 말라고 친구들에게 당부했다. 방과 후 그 아이에게 연락해 이러지 말아달라고 하자 비웃음이 돌아왔다. 부탁을 그냥 들어줄 수는 없지 않겠냐며 오늘 안에 30만 원을 보내라고 요구했다. 가족과 친구들 연락처를 다 확보했으니 잘 생각하라는 말이 뒤따랐다.

고등학생이 몇 시간 만에 30만 원을 구할 방법이 있을 리 만무했다. 하나는 다른 방법을 알려달라고 애원했다. 그 아이는 한참 뜸을 들이다가 상반신 사진을 요구했다. 윗옷을 모두 벗고 찍은 사진 한 장만 보내주면 사람들에게 사진을 더 뿌리지 않겠다는 것이었다.

그 아이는 약속을 지켰을까? 요구의 수위는 점점 높아졌고 거절할라치면 협박이 이어졌다. "시간 좀 더 줄 테니까 이번에는 돈 보내. 부모님이랑 학교 선생님이 네 사진 보는 거 싫지? 네가 이런 애인 줄 몰랐을 텐데 참 안타깝네." 이어지는 메시지는 부모님과 담임 선생님의 전화번호였다.

하나는 그 아이의 말을 더 이상 믿지 않았다. 자신에

게 말도 없이 친구들에게 사진을 보내고 수위 높은 요구를 해댄 사람이다. 인터넷에 이미 사진을 뿌렸을지도 모른다는 생각에 매일같이 검색을 반복하고 협박을 당하는 사이 하나의 마음은 점점 피폐해져갔다. 아무리 확인해도 속속들이 찾아볼 수는 없다는 생각에 불안감이 가시지 않았다. 하나는 그런 나날을 보낸 끝에 내게 연락해 울음을 터뜨렸던 것이다.

알고 보니 가해자는 하나 또래의 학생도, 여성도 아니었다. 코로나19 사태로 권고사직을 당한 30대 중반 남성이었다. 가해자가 자신의 처지를 한탄하자 지인이 좋은 아르바이트를 소개해주겠다고 나섰단다. 지인은 채팅으로 누구든 살살 꾀어 전라든 반라든 사진 한 장만 얻어내면 된다고 말했다. 그 뒤로는 이쪽의 요구 사항을 들어줄 수밖에 없다며 가해자를 꾀었다.

가해자는 지인이 알려준 사이트에서 만난 여고생 몇 명과 모바일 메신저로 연락을 이어가다가 지인에게 받은 악성코드로 학생들의 개인정보를 파악해 겁을 주었다고 했다. 여기까지 털어놓은 가해자는 내게 초범이니 봐달라고 빌었다. 용서를 구해야 할 사람은 내가 아닌 피해 여고생들이고, 잘못을 했으면 법의 심판을 받으라고 대답했다.

디지털 장의사를 찾는 10대 청소년,
한 해에만 3000여 명

위의 가해자가 저지른 짓은 성적 촬영물 유포 협박, 이른바 '몸캠 피싱'이라고 불리는 범죄 행위다. 성폭력 범죄의 처벌 등에 관한 특례법(이하 '성폭력처벌법')에 따른 처벌 대상이다. 그런데 정작 자책하며 괴로워하는 사람은 대부분 피해자 쪽이다.

전문 업체에 불법 촬영물 삭제를 의뢰하고도 괴로움에서 벗어나지 못하는 피해자가 많다. 언젠가 한번은 이런 일도 있었다. 데이터 삭제를 마치고 연락을 취하니 의뢰인의 어머니가 전화를 받았다. "우리 아이, 며칠 전에 죽었으니 두 번 다시 전화하지 마세요." 무슨 말씀을 드려야 할지 막막했다. 참담한 심정으로 통화가 끝난 핸드폰을 내려다보았다.

드물지 않게 겪는 일이다. 그렇기 때문에 더더욱, 나를 비롯한 우리 회사 직원들은 의뢰인이 겪었을 고뇌를 가슴 한편에 담아두고 일한다. '정말 다 삭제될까?', '다시 예전처럼 생활할 수 있을까?' 하는 걱정을 의뢰인이 떨칠 수 있도록 최대한 노력한다.

만약 비슷한 걱정에 휩싸인 누군가가 이 책을 보고 있다면 여러분의 고통을 덜기 위해 애쓰는 사람들이 있다는 사실을 믿어주면 좋겠다. 우리 회사가 10대 의뢰인에게 무료로 삭제 서비스를 제공하는 이유 또한 사건을 감당하기 어려워하는 청소년 피해자들에게 우선 도움을 주어야 한다고 보기 때문이다.

우리 회사를 찾는 10대 청소년의 수는 한 해 기준 3000여 명이다. 그 가운데 성적 촬영물 유포 협박을 당한 경우가 무려 80퍼센트에 달한다. 학생들의 이야기를 들어보면 절대다수가 가해자에게 끌려다닌다. 주변에 알려질까 봐 겁도 나고, 자신이 한 일에 죄책감도 들어 소극적으로 대응하기 십상이다.

가해자는 바로 그 마음을 이용한다. 잘못을 들키고 싶지 않으면 돈을 보내라는 것이다. 순순히 보내줘도 문제는 끝나지 않는다. 갖가지 이유를 대면서 추가 금액을 요구한다. 금액을 계속 올리다가 피해자가 더는 지불하지 못할 것 같으면 불법 촬영물을 만들고 퍼뜨리는 사람에게 촬영물을 넘겨버린다.

심지어 촬영물을 지워주겠다며 비용을 요구해놓고도 파일을 유포한다. 파일이 얼마나 퍼지든 피해자가 어떻게 되든 신경 쓰지 않는다. 가해자의 목적은 돈이니까. 그런 상대에게 매달려봐야 시간 낭비, 돈 낭비, 감정 낭비일 뿐이다.

주눅 들 필요 없다. 당당해져도 된다. 내 경험에 비추어보면 피해자가 떳떳한 모습을 보일수록 문제가 잘 해결됐다. 일전에 한 피해 학생에게 가해자가 전화했을 때 이렇게 말하라고 조언을 해준 적이 있다. 실제로 그 학생은 조언을 떠올리며 가해자에게 이렇게 말했다고 한다.

"그 영상 올리든지 말든지 맘대로 하세요. 어차피 지워줄 생각 전혀 없다는 거 알고 있어요. 저야 뭐, 그 영상에 나오는 사람 저 아니라고 우기면 그만이에요."

학생이 자기 할 말만 하고 전화를 끊었더니 오히려 가해자가 당황하며 100만 원을 내기 힘들다면 50만 원만 내라, 그것도 어려우면 30만 원에 합의하자며 사정사정을 하더란다.

분노의 화살을 맞아야 하는 쪽은
피해자가 아니라 가해자다

괜히 가해자를 자극했다가 촬영물이 퍼지면 어쩌나 걱정하는 피해자도 있을 것이다. 하지만 앞서 말했듯이 가해자를 자극하지 않으려 애써도 촬영물은 유포될 수 있다. 그사이 돈과 시간을 빼앗기고 마음과 생활이 망가지기 십상이다. 그보다는 초장에 시원하게 할 말 하고 재빨리 해결에 나서는 방향을 추천하고 싶다. 경찰이나 디지털 성범죄 피해자 지원 센터, 우리 회사 같은 데이터 삭제 업체 등에 연락하자.

피해자가 행동에 나서려면 주변에서 도와줘야 한다. 혼자 감당하기에는 버거운 일이다. 특히 나이가 어릴수록 정신적 충격에서 잘 헤어 나오지 못하는 경향이 있다. 가족이나 친구 또는 지인에게서 피해 사실을 듣게 되거든 충분히 귀 기울여주고, 꾸짖기보다 따뜻하게 도닥여주었으면 한다.

나도 피해를 본 학생이 전화를 걸어오면 달래는 데 집중한다. 자괴감에 어쩔 줄 모르는 아이를 나무란들 무엇 하겠는가. 청소년기는 성적 호기심이 왕성할 때라 그럴 수 있다고, 너무 자책할 필요 없다고 말한다. 다만 똑같은 경험을 반복하지는 않았으면 해서 앞으로 모르는 사람과 연락하는 일은 자제하라고 이야기한다.

성적 호기심 자체는 죄가 아니다. 그런 호기심을 이용하는 범죄자들이 문제다. 인터넷이 발달한 사회에서는 가해자가 스마트폰이나 컴퓨터를 통해 피해자에게 접근하기가 대단히 쉽다. 범죄 행각은 변화하는 기술에 따라 나날이 진화하는데 피해자는 속수무책이다.

디지털 시대에 맞는 성교육이 절실하다. 가해자가 무엇을 노리고 어떻게 접근하는지, 예방법과 대처법은 무엇인지 알려줘야 한다. 아이들이 죄의식 없이 범죄에 이용된 사진이나 영상을 보지 않도록 불법 촬영물에 대한 인식도 개선해나가야 한다.

불법 촬영물 너머에는 피해자가 있다. 내게 어렵사리 전화해서 한참 동안 울기만 했던 그 사람들이다. 궁극적으로는 아무도 그런 통화를 할 필요가 없는 세상을 만들어야 하겠다. 우선은 피해자가 자신이 아닌 가해자에게 화낼 수 있는 환경을 마련했으면 한다.

분노의 화살을 스스로에게 쏘는 피해자가 정말 많다.

화살을 맞아야 할 사람은 따로 있다. 성적 촬영물 유포 협박 범죄는 이 어긋난 죄책감에 기대어 이루어지고 있다. 삶을 등지는 피해자와 겁박을 일삼는 가해자 심리의 바탕을 이루는 문제인 만큼, 어디서부터 어긋났고 어떻게 바로잡아야 할지를 우리 사회 구성원이 함께 깊이 고민해보면 좋겠다.

지웠다는 동영상이 인터넷에 떠 있어요

성적 촬영물 비동의 유포

결혼식을 3주 앞두고 있는 유리 씨에게 메시지가 도착했다. "곧 결혼한다며? 축하한다." 그 아래로는 유리 씨를 찍은 사진과 동영상이 10여 개 매달려 있었다. 대부분의 촬영물에서 유리 씨는 옷을 입고 있지 않았다. 메시지를 보낸 사람은 무려 7년 전에 헤어진, 유리 씨의 옛 남자친구였다.

유리 씨는 바로 전화를 걸어 이게 무슨 짓이냐고 따졌다. 남자는 이죽거리며 대답했다. "헤어질 때 내가 뭐

랬어. 나를 불행하게 만들어놓고 너만 행복해질 순 없을 거라고 했잖아." 헤어진 뒤 7년 동안 멀리서도 마주친 적 없었는데, 결혼 직전에 이렇게 최악의 행동을 할 거라고 는 생각지 못했다.

설마 돈을 원해서 이러는 거냐고 묻자 남자는 버럭 화를 냈다. 겨우 돈 때문에 치사한 짓을 벌이는 사람으로 몰아가냐는 것이었다. "내가 원하는 건 네 불행이야. 파 혼해. 크게 애쓸 필요 없어. 이 사진이랑 동영상을 보면 그쪽에서 없던 일로 하자고 먼저 말할 테니까."

통화를 마치고 나니 손이 벌벌 떨렸다. 절묘한 타이 밍에 연락을 한 걸 보면 예비 신랑의 연락처를 알아내 촬 영물을 보내는 일쯤은 가볍게 저지를 것 같았다. 복잡해 진 머리로 대처 방안을 궁리하고 있는데 남자로부터 메 시지가 하나 더 도착했다. 다른 말 없이 링크 주소만 적 어놓았다.

링크를 타고 들어가자마자 유리 씨는 자신의 전라 사진을 마주해야 했다. 남자가 한 사이트에 올린 그 사진

은 벌써 수십 건의 조회수를 기록하고 있었다. 비속어를
섞어가며 얼굴과 몸매를 평가하는 댓글이 속속 달렸다.
전신에서 피가 싹 빠져나가는 듯했다.

'리벤지 포르노'가 아니라 '성적 촬영물 비동의 유포'
보복이 아니라 범죄

상담차 우리 회사에 연락한 유리 씨에게 그 남자와 헤어
지게 된 동기를 물었다. 헤어진 지 7년이나 된 여자 친구
에게 굳이 연락해 협박하는 이유를 알고 싶어서였다.

캠퍼스 커플이었던 남자는 대기업 입사를 준비하고
있었는데, 탈락의 고배를 마실 때마다 유리 씨에게 곧잘
짜증을 냈다고 한다. 취업 준비에 지친 남자가 하향 지원
을 고민할 때쯤 유리 씨가 먼저 직장을 구했는데 하필 남
자가 가고 싶어 하던 회사였고, 남자의 히스테리는 점점
더 심해졌다. 남자는 유리 씨가 데이트 비용을 더 낸다고

말해도 화를 냈고 야근하느라 만날 수 없다고 말해도 화를 냈다.

식사 자리에서 옆자리 남성 직원 이야기를 꺼낸 일이 결정타였다. 그 직원을 칭찬하는 내용이 아니었는데 남자는 잘나가는 남자를 보니 마음이 흔들리냐며 유리 씨를 몰아세웠다. 유리 씨는 그간 참아왔던 피로감이 갑자기 몰려와 남자와 일분일초도 함께하기 싫었다. 유리 씨는 그 자리에서 헤어지자 말하고는 먼저 자리를 떴다. 그것으로 끝이었다.

비교적 평범한 연애담이었다. 그만한 일로 그렇게까지 행동하는 게 도통 이해가 되지 않았다. 삭제 작업 건으로 남자와 연락하게 되었을 때 두 사람이 헤어진 뒤 어떤 일이 있었는지 물어보았다. 혹시나 유리 씨가 모르는 다른 이야기가 있지는 않을까 해서였다.

남자는 유리 씨가 취업하고 나서 많이 달라졌다고 했다. 말끝마다 체념 섞인 한숨이 서려 있었고, 남자를 보는 눈빛 역시 몹시 차가웠다고 했다. 자신이 무능해서 유리 씨가 떠났다고 여겨 몇 년을 괴로워했는데, 얼마 전학교 선배로부터 유리 씨가 대기업에 다니는 호남好男과 결혼한다는 소식을 들으니 지난날들이 분하더란다. 자신을 여전히 비웃고 있는 듯한 기분이더란다. 유리 씨 혼자잘 먹고 잘 살게 두기엔 억울해 과거를 되새겨주고자 그렇게 했다고 했다.

남자의 이야기를 듣다 보니 새삼 겁이 났다. 혹여나내 자식이 저런 못난 사람 만나서 고생하면 어떡하나 싶어 갑갑해졌다. 이런 일이 드물다면 굳이 마음 쓰지 않겠지만 사실 이와 비슷한 사례가 많다.

'리벤지 포르노'라는 단어를 들어보았을 것이다. 연인, 부부 등 친밀한 관계를 맺고 있던 사람이 사적인 원한 때문에 상대방을 촬영한 사진이나 영상을 외부로 공개하는 경우, 해당 사진이나 영상을 그렇게 부른다.

이 단어는 크게 두 가지 면에서 비판을 받는다. 피해자가 '보복(리벤지)'당할 만한 일을 전혀 하지 않았는데마치 보복당할 만한 일을 한 것처럼 이야기한다는 점, 피해자의 촬영물을 성적 욕망 자극용으로 쓰이는 '포르노'라고 부른다는 점에서 부적절한 단어라는 것이다. 그러므로 이 책에서는 '성적 촬영물 비동의 유포'라는 표현을 쓰고자 한다.

성적 촬영물을 당사자 동의 없이 유포하는 행위는 성폭력처벌법 제14조 2항에 따른 처벌 대상이다. 몇 년 전까지만 해도 처벌 수위가 낮아 "까짓것 벌금 좀 내고 말지 뭐"라며 배짱을 부리는 가해자가 많았다. 다행히도 디지털 성범죄에 대한 관심이 높아지면서 형량이 빠른 속도로 가중되는 추세다.

당초에는 3년 이하의 징역 또는 500만 원 이하의 벌금에 처했다. 하지만 2018년 말에 5년 이하의 징역 또는 3000만 원 이하의 벌금으로 처벌이 강화되었다. 2020년 5월 또다시 개정이 이루어져 지금에 이르렀는데 현재의 형량은 7년 이하의 징역 또는 5000만 원 이하의 벌금이다. 유리 씨를 곤경에 빠뜨린 남자 또한 이에 따라 사법 처분을 받았다.

시간은 기회를 여러 번 준다

비단 유리 씨만 그런 것이 아니다. 대부분의 사람들이 과거 가까웠던 사람에게 협박을 당하면 혼자 전전긍긍하다가 골든아워를 놓친다. 한때나마 좋은 감정으로 대했던 상대의 파렴치한 태도를 감당하는 것만도 벅찬데 협박 내용이 내용이라 주변에 알리기를 주저하는 사이에 촬영물은 계속 퍼져간다.

급한 불부터 꺼야 한다. 촬영물 삭제가 최우선이다. 한번 공개된 사진이나 동영상은 인터넷을 통해 급속도로 전파된다. 유리 씨는 유포 사실을 결혼 직전에 인지하고 빠르게 움직인 덕분에 사나흘에 걸쳐 모두 삭제할 수 있었지만 그렇지 못하면 1년 넘도록 삭제를 해야 할 수도 있다.

성적 촬영물 비동의 유포 건으로 삭제 의뢰를 받으면 보통 일주일 이내로 작업을 마친다. 우리 회사 직원들이 2교대로 24시간 업무를 진행하기 때문에 가능한 속도다. 반면 1년이 넘도록 삭제를 계속하는 일도 드물지 않다. 뒤늦게 수습에 나서는 경우다.

조금 다른 사례지만 촬영자 외의 인물이 촬영물을 퍼뜨리기도 한다. 애인의 핸드폰에 나를 찍은 동영상이 있다고 가정해보자. 애인은 동영상을 누구에게도 보여주지 않았다는데 내 친구가 그 동영상을 인터넷에서 봤다고 말한다. 어떻게 된 일일까?

첫째, 핸드폰이 해킹당했을 가능성이 있다. 둘째, 애인이 분실한 핸드폰을 습득한 사람이 유포했을 수도 있다. 셋째, 핸드폰 AS센터 직원이 범행을 저지른 사례도 있다. 이런 상황이 벌어지면 피해자는 본인이 피해를 입었다는 사실조차 모른 채 몇 년을 보내기도 한다.

간혹 이런 이야기를 하는 의뢰인이 있다. "분명히 제 눈앞에서 파일을 다 지웠거든요. 이미 삭제한 파일이 어떻게 인터넷에 퍼졌는지 모르겠어요." 그러면 나는 이렇게 묻는다. "컴퓨터, 외장하드, USB, 웹하드, 클라우드 데이터까지 확인하지는 못하셨죠?" 파일을 저장하는 수단은 다양하다. 핸드폰이 깨끗하다 해도 마냥 안심할 수 없는 이유다. 앞서 언급한 해킹, 분실, 수리로 인한 피해는 다른 저장매체를 통해서도 일어난다.

'성적 촬영물'로 인한 피해를 피하는 가장 좋은 방법은 애초에 촬영을 하지 않는 것이다. 당장이야 내 눈에 사랑스러워 보이겠지만, 그 사람이 언제까지 '내 편'일지 아무도 모를 일이다. "님이라는 글자에 점 하나만 찍으면 남"이라는 노래 가사도 있지 않은가. 언제 돌변해 내 등에 칼을 들이댈지 모른다. 핸드폰이나 컴퓨터 등에 문제가 생겨 내 사진이 전 세계를 떠돌아다닐 수도 있다. 이유를 막론하고 성범죄에 이용될 여지가 있는 사진이나 동영상 촬영은 반드시 피해야 한다. 위에서 이야기한 핸드폰 사고의 예를 들어 말려도 좋고 친구가 피해자라 트라우마가 생겼다고 둘러대도 좋다.

또한 상대방이 거부하거든 강제로 촬영하지 말아야 한다. 상대방이 원치 않는데도 사진이나 동영상을 찍은 사람 역시 유포한 사람과 동일한 처벌이 떨어진다. 7년 이하의 징역 또는 5000만 원 이하의 벌금형이다. 소지만 하고 어디에도 올리지 않는다면 괜찮을까? 그렇지 않다. 3년 이하의 징역 또는 3000만 원 이하의 벌금형이 내려진다. 인터넷에 올라온 촬영물을 저장하거나 시청하기만 해도 같은 처벌을 받는다. 덧붙이자면 벌금형에 비해 징역형 선고가 점차 늘어나고 있다.

성범죄자의 삶을 고통스럽게 하는 건 형 집행 자체보다 그 이후의 제한이다. 벌금형이든 징역형이든 형을 받으면 신상 정보 등록 대상자가 된다. 이름, 거주지, 연락처, 차량 번호 등을 주소지 관할 경찰서장에게 제출해야 한다. 이 정보는 최소 10년 동안 보존되며 '성범죄자 알림e' 서비스를 통해 공개될 수 있다.

또한 성범죄자는 최대 10년간 아동 및 청소년 관련 기관에 취업하지 못한다. 각급 학교, PC방이나 오락실 등의 게임 제공 업체, 태권도장이나 수영장 등의 체육 시설, 영화관이나 공연장 등의 공연 시설이 해당 기관에 포함된다. 일반 기업체 취업은 법으로 제한되어 있지 않지만 각 기업체가 자체 규정에 따라 성범죄자 입사를 막는 경우가 많다. 직원의 성범죄 사실이 밝혀지면 해임이나 해고 처리하는 규정도 광범위하게 존재한다.*

가해자에게 이러한 불이익에 대해 알고 있느냐고 질문했다가 당황 어린 침묵을 대답 대신 듣곤 했다. 하기야 사회 구성원이 기피하는 대상이라는 인증을 받고 취업할 곳을 찾지 못해 방황하는 삶을 제 발로 택하려는 사람이 얼마나 되겠는가.

시간은 기회를 여러 번 준다. 거절하는 상대방을 무시하고 카메라 버튼을 누르기 전에, 그릇된 분노에 휩싸여 협박을 계획하기 전에, 소중했던 사람과의 추억을 한낱 눈요깃감으로 전락시키기 전에 어리석은 행동을 멈추기를 바란다. 한때의 욕심에 굴복해서 저지른 잘못을 감당하며 살기엔 인생이 너무 길다.

---

* 성범죄자 알림e 홈페이지(http://sexoffender.go.kr)에 들어가면 성범죄자 취업제한에 대한 내용을 자세히 확인할 수 있다.

어디에 있어도 찍힐까 봐 불안해요

불법 촬영

예지 아버지의 첫마디는 "우리 딸이 자살 시도를 했어요"였다. 가슴이 철렁 내려앉았다. 다행히 빨리 발견되어 목숨은 구했지만 병원에 입원해 있다고 했다. 사연을 들어보니 예지는 불법 촬영(이른바 몰래카메라) 피해자였다. 범인은 같은 고등학교에 다니는 남학생이었다.

가해자는 여자 화장실에 카메라를 설치해 동급생을 찍었고 메신저를 통해 영상을 공유했다. 영상을 본 공범들은 여학생들의 얼굴과 몸매를 놓고 함부로 떠들었다.

이 대화 내용은 공유 메신저 방에 있던 한 학생이 핸드폰을 잃어버리면서 학교 전체에 알려졌다. 핸드폰을 습득한 사람이 피해자 중 한 명이었던 예지였던 것이다.

예지는 큰 충격에 빠졌다. 굴욕적인 사진이 메신저에 돈 것도 괴로운 일이었지만, 이보다 더욱 괴로웠던 것은 그 메신저에서 더러운 대화를 나누었던 사람 가운데 하나가 예지가 좋아하던 남학생이라는 점이었다. 그 남학생도 예지에게 호감을 느낀다고 했는데 그런 말을 했다니. 믿었던 상대에 대한 배신감이 상당했다. 앞으로 그 누구와도 정상적으로 관계를 맺지 못할 것 같은 기분, 어디에 가도 불안감을 떨칠 수 없을 것 같다는 절망감이 예지의 가슴속을 휘저었다.

예지 아버지는 울분을 터뜨리며 "남이 화장실에서 볼일 보는 동영상은 대체 왜 찍는 거랍니까?"라고 물었다. 정신의학 전문가들은 이에 '관음증'이라는 답을 내놓았다. 타인의 숨겨진 모습을 엿봄으로써 성적 만족을 얻는 증세다. 인간에게는 다른 사람을 훔쳐보고 싶다는 본

능적 욕구가 있기는 하지만 그 욕구를 위법 행위로 풀거
나 반복적으로 저지른다면 문제가 된다.

"남이 화장실 가는 동영상은
대체 왜 찍는 거랍니까?"

몰래 찍은 촬영물을 자주 보다 보면 불법 촬영이 범죄라
는 인식이 희미해진다. 처음에는 보기만 하다가 불법 촬
영을 일단 한 번 저지르고 나면 그다음부터는 죄책감은
커녕 성취감마저 느끼게 된다. 본인의 촬영물이 불특정
다수로부터 "이 정도로 영상이 잘 나오다니, 까다로운 위
치에 카메라를 설치한 것 같은데 대단하다"라는 칭찬이
라도 들으면 다른 사람에게 이로운 일을 했다는 착각까
지 하게 되고, 더 과감한 촬영도 하게 되더라는 증언을
가해자에게 직접 들었는데 그야말로 헛웃음이 나왔다.
　그러니까 가해자는 불법 촬영으로 어긋난 성적 욕

구뿐만 아니라 사회적 욕구까지 채우려 드는 것이다. 불법 촬영물을 찾아서 보고 댓글을 다는 행동이 모두 가해자를 치켜세우는 셈이다. 불법 촬영자는 사진 한 장으로 사람 목숨을 흔들어버리는 성범죄자다. 이러한 범죄자를 치켜세워서야 되겠나. 그럴 시간과 열정이 있다면 주변에서 묵묵히 자기 할 일을 하는 사람들의 어깨나 한 번 두드려주자.

성폭력처벌법 제14조는 불법 촬영에 대한 조항이다. 피해자가 성적 불쾌감을 느낄 수 있는 촬영을 한 사람은 7년 이하의 징역 또는 5000만 원 이하의 벌금형에 처한다는 내용을 담고 있다. 다른 사람이 찍은 촬영물을 퍼뜨린 사람도 같은 처벌을 받는다.

앞서 성적 촬영물 비동의 유포에 대한 이야기를 하면서 언급했듯이 이 조항의 처벌 강도는 빠른 속도로 올라가는 중이다. 아예 신설된 항목도 있다. 촬영물을 시청하거나 내려받기만 해도 3년 이하의 징역 또는 3000만 원 이하의 벌금형을 내린다는 조항이 2020년에 새로 생겼다.

법을 바꾸거나 만드는 과정은 그리 간단하지 않다. 그럼에도 불법 촬영 가해자와 관련한 법 개정과 제정은 활발하다. 몇 년 사이 징역 기간은 두 배 이상, 벌금 액수는 열 배로 뛰었다. 가해자가 너무 많고 동조자를 셀 수 없고 피해 수준이 심각하다는 방증이다.

민망하게도 이러한 실태는 국제적으로 알려져 있다. 개인적으로 알고 지내는 외국인 친구와 술을 한잔하다가 이런 질문을 던졌다. "한국에 오기 전에 가장 우려했던 부분이 뭐야?" 친구는 "지하철 같은 공공장소에서 몰카 찍힐까 봐 무서웠어"라고 대답했다. 왜 그런 생각을 했느냐고 물으니 핸드폰을 꺼내 검색엔진을 켰다.

'street'라는 검색어를 입력하자 세계 곳곳의 거리 풍경이 나왔다. 친구는 뒤이어 '길거리'라는 검색어를 넣었다. 몸에 붙는 옷을 입은 여성 사진들로 화면이 꽉 찼다. 똑같은 의미의 단어로 검색했건만 결과가 그렇게나 달랐다. "한국에 먼저 다녀온 친구들이 그러더라고. 한국 사람들은 상대방의 프라이버시를 신경 쓰지 않는다고. 방심하는 순간 이런 사진을 몰래 찍고 인터넷에 뿌린다던데. 진짜야?" 그렇다고 하자니 부끄럽고 아니라고 하자니 거짓말이었다. 얼굴이 화끈거렸다.

언제까지 불법 촬영을 무서워해야 하는가

2019년 서울시와 나무여성인권상담소가 공동으로 진행한 설문조사에 따르면 서울 시민 가운데 69퍼센트가 몰래 설치된 카메라에 대한 불안을 느끼고 있다.[3] 숙박업소, 공중화장실, 목욕탕, 수영장 등에서 초소형 카메라가 발견되었다는 뉴스는 이제 놀랍지도 않다.

불법 촬영을 경계하는 사람들은 작은 구멍이 뚫린 곳이나 좁은 틈새를 살핀다. 혹시 있을지도 모르는 카메라를 파괴하기 위해 작은 송곳을 휴대하기도 하고 구멍 또는 틈새를 막을 매니큐어나 스티커를 가지고 다니기도 한다.

주변에 카메라가 설치되어 있는지 확인하고 싶을 때는 와이파이를 확인해보라는 팁이 떠돈다. 영문과 숫자가 섞인 유난히 긴 이름의 와이파이가 강한 신호를 보내고 있다면 의심해볼 만하다. 초소형 카메라 중에는 와이파이형 카메라가 많은데 이들의 고유 번호가 서로 달라야 하기 때문에 불가피하게 와이파이 이름이 길어진다고 한다.

와이파이 분석 앱이나 카메라 탐지 앱을 사용해봐도 괜찮을 것 같다. 와이파이 분석 앱은 주변에 존재하는 와이파이의 이름과 신호의 강도 등을 구체적으로 표시해준다. 카메라 탐지 앱은 인공지능 비전vision 기술 등을 이용해 카메라로 의심되는 물체를 찾아낸다.

본인이 휴대한 카메라로 몰래 찍는 가해자도 있다. 낯모르는 사람이 자신을 찍었다는 공포 때문에 그 자리에서 도망쳐버리는 피해자들도 많은데, 도망가야 할 사람은 피해자가 아니라 불법 촬영 범죄자다. 즉시 112에 신고하자. 근처에 있던 사람들의 증언을 확보해두어도 좋겠다. 가해자의 인상착의나 휴대폰 기종 등을 기억해 두면 현장에서 놓치더라도 경찰에게 정보를 제공할 수 있다.

가해자들의 "바로 지울게요" 같은 말은 들어줄 필요 없다. 촬영된 사진이나 영상을 자동으로 클라우드에 옮기는 기능이 존재하기 때문이다. 실제로 이 기능을 이용해 빠져나가려 했던 가해자가 즉시 클라우드 앱을 실행한 경찰의 기지로 현장에서 붙잡힌 사례가 있다.[4] 피해자 눈앞에서 삭제하는 모습을 보여주는 가해자도 쉽사리 믿어서는 안 된다. 휴대폰 휴지통으로 들어간 파일은 단 몇 초 만에 복원할 수 있다.

휴지통까지 깨끗이 비운 가해자가 의기양양하게 돌아서려 할지도 모른다. 가해자 본인은 '사진이야 계속 찍을 수 있으니까 들켰을 땐 파일을 지우면 그만이지'라고 생각했을 것이다. 그 생각은 틀렸다. 디지털포렌식 기술은 이미 삭제한 파일도 되살릴 수 있다. 현행범으로 체포

된 상태에서 재빨리 파일을 지우고 발뺌했다가는 증거 인멸죄를 추가로 적용받게 된다.

파일을 지우든 사과를 하든 피해자를 몰래 촬영한 이상 죄를 지었다는 사실은 변하지 않는다. 죄를 지었다면 죗값을 치르는 것이 순리다. 나는 그 '죗값'에 피해 보상이 포함되어야 한다고 생각한다. 한번 촬영된 사진이나 동영상은 다양한 경로로 인터넷에 흘러 들어갈 위험이 있다. 최소 6개월 정도는 모니터링해서 확산 정도를 파악하고 삭제를 진행하는 편이 안전하다. 이 작업에 드는 비용은 당연히 가해자에게 청구해야 한다.

왜 그 비용을 자신이 내야 하느냐고 가해자가 묻는다면 삭제 작업을 애초에 왜 하게 됐는지 되물을 수 있겠다. 피해자는 아무 이유도 없이 평범한 일상을 송두리째 빼앗겼다. 그 정도 요구를 할 권리쯤은 있다.

불법 촬영물을 보는 행위는 더 부끄러워져야만 한다

이 모든 사건이 왜 일어나는지를 짚다 보면 불법 촬영물을 보고 즐기는 사람이 많기 때문이라는 결론에 다다른다. 어찌나 많은지 아예 시장이 형성되어 있다. 수요가 존재하니 공급이 이루어지는 것이다.

그렇다면 결국 보는 사람이 핵심 가해자다. 하지만 정작 그들은 '잠깐 봤을 뿐인데 큰 잘못은 아니지'라고 생각할지도 모른다. 스스로에게 면죄부를 주는 이들이 부지기수다. 불법 촬영 피해를 당한 사람은 그래서 절망한다. 자기 죄를 모르는 무수한 가해자들이 내 사진을 가볍게 소비하고 여기저기 올릴 것이 뻔해서. 내 주변에까지 사진이 퍼지면 내 삶은 엉망진창이 될 텐데 그들은 아무 일 없는 양 살아갈 것 같아서.

2018년 청와대 국민 청원 게시판에 '불법 촬영물 시청자를 처벌하는 법을 만들어달라'는 청원이 올라왔다. 청원인은 마약과 불법 촬영물을 비교하며 논리를 폈다.

'우리나라에서 마약류를 제조하고 유통하고 투약하는 행위는 모두 불법인데 불법 촬영물의 경우 제조와 유통은 불법이지만 시청은 별다른 제재를 받지 않는다. 시청을 막지 않고 불법 촬영 범죄가 사라지기를 기대할 수는 없다'라는 것이 해당 청원의 골자였다.

이 청원에 동의한 사람은 총 6만여 명이었다. 정부 관계자의 답변을 받으려면 이 청원에 20만 명이 동의를 해야 하기에 6만 명은 다소 아쉬운 수치였다. 하지만 비슷한 청원이 계속 이어진 덕분에 입법부는 저 문제의식을 외면하지 않았다. 이윽고 2020년에 신설된 조항에 따라 불법 촬영물 시청은 불법 행위가 되었다.

입법이 늦었을지언정 타인의 신체를 멋대로 엿보고 몰래 촬영해 사고파는 행위가 옳았던 적은 없다. 피해자의 기나긴 고통보다 자신의 짧디짧은 쾌락을 우선한다면 누구라도 그를 비난할 것이다. 불법 촬영물을 보는 행위는 더 부끄러워져야 한다. 그래야만 촬영하고 유통하는 사람도 사라진다.

찍은 적 없는 제 사진이 돌아다녀요

성적 합성물 유포

"오늘 저녁 시간 있나요?"

"키랑 몸무게가 어떻게 돼요?"

"혹시 저희 집에서도 가능하세요?"

세은 씨의 핸드폰에 꾸준히 새 메시지가 떴다. 조건 만남을 하자는 것이었다. 저들은 세은 씨의 나체 사진이 실린 광고 이미지를 보고 연락했다고 했다. 정작 세은 씨는 조건 만남이 뭔지 모른다. 광고 이미지에 걸린 나체 사진을 찍은 적도 없다.

합성사진에 깜짝 놀란 세은 씨를 보고 어머니가 무슨 일이냐며 다가왔다. 세은 씨는 망설이다가 핸드폰을 건넸다. 누군가가 이런 이미지를 만든 데다 전화번호까지 공개했다고 말했다. 한참을 침묵하던 어머니는 나지막이 물었다. "너 진짜 이런 사진 찍은 적 없어? 어디서 질 나쁜 사람 만났다가 틀어져서 이렇게 된 거 아니야?"

의심 어린 눈길을 마주하자마자 눈물이 쏟아졌다. 어떻게 딸한테 그런 말을 할 수 있냐고 소리친 뒤 방으로 들어갔다. 울다 보니 문득 한 가지 생각이 스쳤다. '가해자는 내가 이런 취급을 받길 바라는구나.' 억울하고 분했다. 가만히 당하고 싶지 않았다. 세은 씨는 비슷한 피해 사례를 조사한 뒤 데이터 삭제가 급선무라고 판단해 우리 회사에 상담을 청했다.

피해를 당한 줄도 모르는 범죄,
성적 합성물 유포

세은 씨가 겪은 일은 성적 합성물 유포 피해다. 넓은 의미에서 '딥페이크deepfake' 피해의 일종이라고 볼 수도 있다. 딥페이크는 인공지능의 학습 기법을 뜻하는 '딥 러닝 deep learning'과 거짓이라는 의미의 '페이크fake'를 합친 용어다. 인공지능을 활용해 인물의 얼굴을 다른 사진이나 영상에 자연스럽게 조합하는 기술을 가리킨다. 개발 초기부터 범죄에 이용될 수 있다고 지적받았던 기술이다.

여러 해 전만 해도 성적 합성물 유포자는 여성 연예인을 노렸다. 최근 들어 범죄 대상이 일반 여성으로까지 확대됐다. 사진 전환 앱이나 포토숍 등의 이미지 편집 프로그램을 이용하면 불법 합성쯤이야 어렵지 않다. 방법이 간편한 만큼 시도하는 사람이 많다.

가해자들은 주변 사람을 이용한 성적 합성물 유포를 '지인 능욕'이라는 은어로 부른다. 지인의 사진을 성적인 이미지와 합성하고 이를 지인에 대한 허위 정보와 함께 게시해 퍼뜨리는데, 허위 정보 또한 성적인 내용이다. 합성사진의 주인공은 문란하니 하찮게 여겨도 된다는 내용이 주를 이룬다. 어떤 가해자는 피해자의 출신 학교, 전화번호, SNS 주소 등의 신상 정보까지 공개해 2차 가해를 부추긴다.

세은 씨는 전화번호가 유출된 탓에 한동안 별별 연락과 성희롱에 시달려 정신과 진료까지 받아야 했다. 하나 다행인 것은 피해 사실을 빠르게 파악, 신고한 덕분에 합성사진을 유포하고 허위 사실을 게재한 범인을 빨리 잡을 수 있었다는 점이다. 세은 씨의 연락처를 알 만한 남성이 주변에 드물었기에 몇 차례의 확인을 거쳐 용의자를 특정할 수 있었다. 하지만 안타깝게도 이러한 사례는 드물다.

성적 합성물 유포는 대개 암암리에 이루어진다. 피해자가 본인이 피해자임을 잘 모른다. 뒤늦게 알아채도 가해자를 집어내기가 쉽지 않다. 해외에 본사를 둔 텀블러나 페이스북, 텔레그램 같은 SNS를 중심으로 범행이 일어나는 탓이다. 위의 회사들은 '개인정보 보호'라는 명목하에 가해자라 하더라도 그들의 신상을 공개하지 않는데, 가해자들은 이러한 점을 너무나 잘 알고 있다.

유포된 이미지를 어떻게 처리해야 할지 몰라 손을 쓰지 못하는 경우도 많은데 여러 가지 방법이 있다.

경찰청 사이버 수사국에서 운영하는 사이버범죄 신고 시스템 홈페이지(ecrm.cyber.go.kr) 상단 메뉴의 '기타 안내' 탭에서 '해외 SNS 권리 침해'를 클릭하면 삭제해야 할 텀블러, 페이스북 및 인스타그램, 트위터, 구글 및 유튜브 게시물을 신고하는 구체적인 방법을 확인할 수 있다. 텀블러는 피해 내용을 영어로 작성하라고 요구하는데 위에 소개한 홈페이지에는 성적 합성물 유포 피해를 입었을 때 쓸 수 있는 영문으로 된 예시문이 나와 있다. 이름만 바꾸어 사용하면 되겠다.

텀블러의 게시물을 가져와 서비스하는 '텀벡스'라는 사이트에 합성물이 퍼지고 있다면 일단 텀블러에 신고를 하고 텀블러 홈페이지 하단 좌측의 'Report abuse'를 클릭해 텀블러에 신고한다. 구글 검색에 해당 이미지가 노출되기를 바랄 경우에는 구글 고객 센터(support.google.com)에 접속한 뒤 검색창에 '이미지 삭제'라 입력하고 본인에게 해당하는 문제를 선택한 뒤 적절한 안내에 따른다.

피해를 줄이는 또 다른 방법은 공론화다. 인터넷에 피해 사실을 게시하면 가해자가 퍼뜨린 왜곡된 정보를 희석할 수 있다. 누리꾼의 제보를 통해 합성물이 올라간 곳을 빠르게 찾아 확산 속도를 늦출 수도 있다.

이러한 조치만으로는 부족하다고 느낀다면 경찰, 디지털 성범죄 피해자 지원 센터, 디지털 데이터 삭제 전문 업체 등에 문의해 보다 전문적인 처리를 부탁한다.

우리는 고통을 전하는 목소리에 빚지고 있다

성적 합성물 유포 피해자는 피해 자체와 가해자에 대한 미흡한 처벌 때문에 오래도록 이중고를 겪어왔다. 놀랍게도 2020년 상반기까지만 해도 관련 법령조차 없었다. 음란물 유포죄나 사이버 명예훼손죄를 대신 적용했지만 형량이 낮고 실형 선고 비율이 적었다. SBS 데이터저널리즘팀의 2020년 분석에 따르면 2013년에서 2020년 사이에 성적 합성물 유포로 법적 판결을 받은 사람 중 실형을 받은 사람의 비율은 겨우 27.6퍼센트였다. 세 명을 법정에 넘겨도 한 명의 죄를 물을까 말까 했다는 이야기다. 선고된 평균 형량은 징역 1년 5개월에 불과했다.[5]

처벌 조항은 2020년 3월 말에 만들어져 같은 해 6월 말부터 시행되었다. 처벌법이 제정된 것은 피해자의 고통이 심각한 수준이라는 법적 판단이 내려졌기 때문이다. 가장 최근에 수면 위로 떠오른 디지털 성범죄여서 관련 당국과 사회의 관심이 높다. 경찰은 집중 단속 기간을 연장해가며 가해자를 찾았고 언론은 피해 사례에 대한 특별 취재를 이어갔다. 피해자 입장에서는 아직 갈 길이 멀다고 느낄 테지만 가해자를 향한 압박은 점차 거세지고 있다.

처벌 조항이 시행되면서 얼굴, 신체, 음성을 이용해 성적 불쾌감을 일으킬 수 있는 합성물을 제작한 사람은 5년 이하의 징역 또는 5000만 원 이하의 벌금형을 받는다. 최초 시행 이후 같은 해 11월 말까지 이 법에 의해 검거된 사람은 모두 일곱 명이었는데 한 명만 20대였고 나머지는 전부 10대였다.

이들은 합성물 제작이 범죄라는 사실을 몰랐다고 진술했다. 직접 만나 위해를 가하지 않았으니 장난일 뿐이라는 인식이 만연하다. 그 '장난' 때문에 사람에 대한 신뢰가 무너져 정신질환에 시달리고 평범한 일상을 잃어버린 이들이 부지기수다. 이름을 바꾸고 직장을 그만두어야 했던 피해자도 있다.

나이가 어리면 형사 처벌 대상이 되지 않는다는 말

을 당당하게 하는 가해자를 간혹 본다. 아무리 만 14세 미만의 촉법소년이라 해도 성폭력처벌법을 어긴 이상 엄연히 경찰의 수사 대상이 된다. 가정법원소년부 송치를 통해 보호 처분을 받을 수 있다는 사실을 반드시 기억했으면 한다.

가해자와 피해자 사이가 가깝다는 점 때문에 피해자 측에서 신고나 처벌을 꺼리기도 하는데 일부 가해자는 이 심리를 이용하려 든다. 부디 마음을 다잡고 대처하라 말해주고 싶다. 지인을 향해 법적 책임을 묻기가 쉽지는 않겠지만 또다시 피해를 입지 않기 위해서라도 단호하게 나서야 한다. 처벌 건수가 늘어날수록 성적 합성물 유포를 가볍게 여기는 이들의 입지가 좁아질 것이다.

'재미로 해본 장난'이라는 가해자의 말 뒤에 가려져 있던 범죄가 만천하에 드러난 것은 피해자 덕분이다. 피해자가 자기 노출을 감수하고 경찰, 언론, 자신의 SNS에 피해 사실을 널리 알림으로써 대중의 눈을 밝힌 것이다. 우리는 고통을 전하는 목소리에 빚을 지고 있다. 디지털

장의사로서 내 몫의 빚을 갚으려면 피해자 한 명 한 명의
사연에 더 깊게 귀를 기울여야 하리라.

아이의 초상권, 생각해보셨나요?

육아 관련 SNS 활동(셰어런팅)

일전에 한 초등학생이 "엄마가 SNS에 올린 사진을 전부 삭제해주세요"라며 의뢰를 해왔다. 초등학교 5학년이나 된 아들의 갓난아기 적 모습을 아직도 내리지 않는 이유를 도무지 모르겠다는 것이었다. 발가벗고 유아용 욕조에 앉아 있는 사진, 기저귀 차림으로 돌아다니는 사진, 온 얼굴에 이유식을 묻힌 채 우는 사진을 같은 반 친구들이 다 봤단다. 그 사진을 자신의 핸드폰 메신저로 보내면서 놀려대는 통에 학교 갈 마음이 들지 않는다고 했다.

학생의 어머니와 통화해보았다. 몇 년 전에 올린 사진을 두고 이제 와서 성화라며 한숨부터 쉬었다. 아이가 말하는 '굴욕 사진'은 전체 사진을 놓고 보면 지극히 일부이고 다른 학부모의 SNS에도 그런 사진은 많다는 것이 어머니의 입장이었다. 자라나는 아이의 다양한 모습을 간직하고 싶어 차곡차곡 정리해왔는데 사춘기라 예민해진 아이의 요구 때문에 모조리 날릴 수는 없지 않겠냐고 나에게 되물었다.

아이만큼이나 어머니의 태도 또한 완강해 쉽게 해결될 것 같지 않았다. 아드님이 등교 거부를 생각할 만큼 힘들어하고 있으니 절충안이라도 한번 생각해보자고 제안한 뒤 일단 전화를 끊었다. 이튿날 어머니에게서 연락이 왔다.

"어제 아들이랑 한참 싸웠는데, 입장을 바꿔서 생각해보니까 아들 말에도 일리가 있더라고요. 아이한테도 초상권이 있잖아요. 아무리 엄마라고 해도 마음대로 침해하면 안 될 것 같아요. 제 SNS는 아이 앨범이나 다름

없어서 전부 다 지울 수는 없지만 특히 껄끄럽다는 사진
은 골라서 내리려고요."

내 어린 시절이 만천하에 공개되어도 괜찮을까?

최근의 신조어 가운데 '셰어런팅sharenting'이라는 단어가
있다. 공유를 뜻하는 '셰어share'와 양육을 뜻하는 '페어
런팅parenting'의 합성어다. 부모 등의 보호자가 아이의 일
상을 SNS에 공유하는 행위를 일컫는다.

　우리나라에서 셰어런팅이란 전혀 특별할 것 없는 일
이다. 아동 국제 구호 개발 NGO인 '세이브 더 칠드런'
이 2021년 진행한 설문조사 결과에 따르면 만 0~8세 자
녀를 둔 우리나라 부모의 약 90퍼센트가 자녀의 사진이
나 영상을 SNS에 올린다. 만 11세 이하의 자녀를 둔 부
모의 약 40퍼센트는 일주일에 한 번 이상 자녀의 근황을
SNS에 공개한다. 약 4퍼센트의 부모만이 게시물 공개 범

위를 '비공개'로 설정해놓았다. 대다수 어린아이의 일상이 인터넷에 뿌려지고 있다고 해도 과언이 아니다.[6]

나도 한 아이의 아버지인지라 육아 과정을 SNS에 공유하는 부모의 심정을 십분 이해한다. 아이의 일상을 한순간도 놓치고 싶지 않을 것이다. 사랑스러운 모습을 보일 때면 자랑하고픈 마음도 잘 안다. 그러나 한 번쯤 관점을 바꿔볼 필요가 있다. 아이도 자신의 그 모습을 널리 알리고 싶어 할까? 내 어린 시절이 똑같은 방식으로 공개되어도 아무 문제 없다고 생각할 수 있을까?

우리나라에서는 상상하기 어려운 일이지만 여러 나라에서 자녀의 촬영물 게시를 법으로 금지한다. 프랑스에서는 자녀의 동의 없이 사적인 사진을 SNS에 게재하면 최대 징역 1년, 4만 5000유로(약 6200만 원)의 벌금형을 받는다. 베트남 정부는 2018년에 만 7세 이상 어린이의 사진을 온라인에 올리기 전에는 반드시 당사자의 동의를 받도록 하는 법안을 마련했다. 본인 동의 없이 게시할 경우에는 최고 5000만 동(약 250만 원)의 벌금형에 처한다.

　세어런팅이 사회문제로 떠오르기 시작한 시기는 SNS가 생겨났을 즈음 태어난 아이들이 성장해 자기 목소리를 내기 시작한 시기와 맞물린다. 2016년 캐나다에서는 자신의 이미지를 훼손할 수 있는 유아 시절 사진을 10년이 넘도록 SNS에 올렸다는 이유로 아들이 부모에게 소송을 제기해 합의금 35만 캐나다 달러(약 3억 1000만 원)를 요구했다. 그는 소송의 이유를 이렇게 밝혔다. "사진을 과도하게 공유하는 부모를 둔 아이들과 앞으로 태어날 아이들이 법적으로 스스로를 보호할 수 있도록 하기 위해서다."

내 자식도 어엿한 개별 인격체다

보호자의 SNS 활동은 자녀의 자기 결정권뿐 아니라 개인정보와도 얽혀 있다. 요즘은 사진 중심의 SNS인 인스타그램에서 활동하는 부모가 많은데 게시된 사진을 통해 아이의 이름, 주소, 시간대별 동선, 가정환경 등을 고스란히 노출하는 경우가 적지 않다. 범죄에 악용될 소지가 있는 정보들이다. 실제로 2016년 미국에서, 2011년 일본에서 인터넷에 공개된 아이의 신상을 이용한 유괴 사건이 일어났다.

만인이 볼 수 있는 아이의 사진은 엉뚱한 곳에 이용되기도 한다. 육아 관련 커뮤니티에는 잊을 만하면 사진 도용 피해 사례가 올라온다. 남의 아이 사진을 메신저 프로필에 달고 사기를 저지르는 사람이 있는가 하면 개인 쇼핑몰 광고에 모델인 양 붙여 넣는 사람도 있다. 초상권 내지 저작권 침해를 저지른 그들의 잘못이 크다. 다른 측면에서는 인터넷을 통한 아이 얼굴 공개의 위험성을 고민하게 되는 사례다.

한동안 우리 사회는 셰어런팅을 두고 혼란을 겪을 듯하다. 우리 회사를 찾아온 초등학생 의뢰인과 그의 어머니 사이에서 일어났던 갈등이 온 가정에서 재현되지 않을까 싶다. 솔직히 털어놓자면 우리 집에서도 비슷한 일이 일어났다. 내 딸이 저 의뢰인에게 동조하고 아내가 그 어머니의 편을 들면서 집안 분위기가 급격하게 얼어붙은 것이다. 둘은 며칠 만에 서로 조금씩 양보하면서 화해하더니 오랜만에 옛 사진을 들춰 보며 키득거렸다. 나는 안도의 한숨을 내쉬었다.

과거에 여성 인권을 이야기할 때면 종종 나왔던 발언이 떠오른다. '○○이 엄마', '○○ 씨 부인'이 아닌 여성 본인의 이름을 되찾아야 한다고들 했다. 이제 아이를 두고 비슷한 이야기를 나눌 때가 온 모양이다. 자녀를 '내 아이'가 아닌 어엿한 인격체로 대하자는 움직임이 커지고 있으니 말이다.

셰어런팅에 대한 비판을 현명하게 수용한다면 우리 사회는 아이가 태어날 때부터 한 명의 인간으로서 존중하는 공동체로 거듭나게 될 것이다. 미래의 각종 범죄로부터 아이를 보호할 수 있게 됨은 물론이다. 지금보다 더 안전한 환경에서 스스로의 권리를 충분히 행사하며 자라

난 아이들이 훗날 자신과 타인을 두루 아낄 줄 아는 사람
으로 성장한다면 더 바랄 것이 없겠다.

우리 부모님 좀 말려주세요

가족의 신상 노출

부모의 선을 넘는 SNS 활동 때문에 심적, 물리적으로 엄청난 고통을 받았다며 삭제 의뢰를 해오는 이들이 있다. 윤정이가 그 주인공이다. 윤정이의 의뢰는 받아들이지 못했지만 비슷한 이유로 우리 회사를 찾는 의뢰인이 많기에 사연을 소개한다.

윤정이는 사람들과 눈을 잘 마주치지 않는다. 같은 아파트에 사는 이웃의 눈길을 피하다 보니 다니는 중학교의 친구들까지 피하게 됐다. 예의에 어긋나는 행동임을 잘 알지만 누군가의 시선을 받는 순간 어머니가 떠올라 저절로 고개를 숙이게 된다.

윤정이 어머니는 윤정이보다 SNS 활동을 더 많이 한다. 누군가의 잘못을 발견하면 즉시 핸드폰을 들어 아파트 주민들이 가입해 있는 SNS에 접속한다. "분리수거를 누가 엉망으로 해놓았네요. ○○ 생수 드시고 ○○ 샴푸 쓰시는 분인가 본데 누구세요?" "밤 9시에는 노래를 부르지 말았으면 좋겠어요. 녹음한 건데 들어보시고 누군지 아시는 분 제보 주세요."

같은 동에 사는 아주머니에게서 "너희 엄마 말조심 좀 하시라고 해. 사람들이 얼마나 피곤해하는지 아니?"라는 말을 들은 뒤부터 윤정이는 움츠러들기 시작했다. 같은 단지에 사는 사람이라면 어머니에 대한 소문을 한 번쯤 들어봤을 터였다. 같은 학교에 다니는 아이들 또한 윤정이 어머니 이야기를 들은 적이 있다는 의미다. 어머니에 대한 비난을 또 들을까 두려웠다.

관심을 거절하지 못하는 세상에서 살아간다는 것

윤정이가 어머니를 말려보기도 했다. 왜 그렇게 싸우느냐고, 부드럽게 말할 수는 없냐고, 얼굴을 못 들고 다니겠다고 했다. 어머니는 자기가 한 말에 틀린 부분이 있느냐고 되물었다. 다 같이 더 좋은 환경에서 살자고 건의하는 것뿐인데 잘못한 사람이 되려 큰소리를 친다며 얼굴을 찌푸렸다. 엄마 일에 간섭하지 말고 공부나 하라는 마지막 말에 윤정이는 입을 다물었다.

어머니에게 더 이상 신경 쓰지 않겠다는 결심이 무너진 계기는 옆 반 남학생의 조롱이었다. 복도를 지나가는데 윤정이를 부르더니 대뜸 어머니 이야기를 꺼냈다. 이번엔 그 학생네 부모님과 다툰 모양이었다. 무시하고 지나가려 했지만 남학생은 끈질겼다. "이 동네에서 너희 엄마 모르는 사람이 없어. 나 같으면 학교 못 나올 것 같은데 대단하네." 화가 나서 입을 연 순간 어머니 생각이 났다. 이 자리에서 싸움을 벌이면 어머니랑 똑같은 사람이 될 것 같았다. 맥이 탁 풀렸다. 남학생이 자기 교실로 들어간 뒤에도 윤정이는 한동안 같은 자리에 서 있었다.

친한 친구가 위로와 걱정을 해주었지만 솔직히 말하자면 그조차 달갑지 않았다. 어머니의 존재를 모른 척해주는 것이 윤정이를 돕는 길이었다. 어머니가 SNS 활동을 계속하는 한 이런 일이 반복될 거라고 생각하니 암담했다.

고민 끝에 윤정이는 우리 회사에 연락했다. 최소한 같은 학교 학생네 집과 얽히는 게시물만이라도 지운다면 학교생활이 조금이나마 편해질 것 같다고 했다. 천천히 이야기를 풀어놓는 얼굴에 피곤한 기색이 역력했다. 가능하다면 돕고 싶었지만 그럴 수 없었다.

만약 어머니가 본인 동의 없이 윤정이 사진을 올렸다거나 윤정이에 대한 발언으로 경제적, 사회적 피해를 주었다면 관련 게시물과 댓글을 전부 삭제할 수 있다. 이 경우 형법상 명예훼손죄 요건을 충족하기 때문에 정신적, 경제적 피해에 대한 위자료 청구도 가능하다.

하지만 윤정이 어머니가 올린 글에는 윤정이의 인적 정보가 들어 있지 않아 게시물 삭제가 불가능했다. 낙담한 채 돌아가는 윤정이의 뒷모습을 씁쓸한 기분으로 바라보았다.

가족의 SNS를 통해 개인정보가 노출되는 고통

디지털 장의사 일을 하면서 알게 된 사실 중 하나는 부모의 인터넷 활동 때문에 힘들어하는 아이가 생각보다 많다는 것이다. 윤정이처럼 부모의 과도한 사회적 발언 탓에 오는 아이도 있고 본인의 개인정보 또는 사생활이 부모의 SNS를 통해 유출되어 찾아오는 아이도 있다. 이혼이나 외도 문제가 새 나가길 원치 않는다는 이야기라든가 부모의 직업, 학력, 집안이 드러나 놀림을 받았다는 이야기를 듣고 있노라면 가슴이 답답해진다. 오죽하면 우리 회사까지 찾아와 애걸복걸하겠는가.

가장 마음이 무거운 순간은 "미안하지만 의뢰인의 개인정보가 포함되지 않은 게시물은 삭제 불가능하다" 라는 내 말에 의뢰인이 엉엉 울 때다. 아이의 부모님이 조금 더 신중했더라면 얼마나 좋았을까. 순간의 감정에 휘말려 작성한 게시물이 자녀에게 씻을 수 없는 상처를 주기도 한다. 그러한 게시물은 본인에게도 썩 이롭지 않을 가능성이 크다. 가족과 자신의 피해를 감수하면서까지 꼭 해야 할 말, 올려야 할 사진인지 미리 생각해봤으면 좋겠다.

사적인 이야기를 편히 털어놓으려 SNS를 쓴다는 생각은 위험하다. 본인이 공개 설정을 해둔 이상 아무리 사적인 일이라도 공적인 관계망 안에 들어간다. 게다가 한번 작성한 게시물은 쉽게 사라지지 않는다. 유명인 관련 뉴스를 보면 5년 전 인터넷에서 한 발언, 10년 전 공개 석상에서 찍힌 영상이 대중에게 잊히지 않아 비난의 빌미가 되곤 한다. 해당 유명인이 자녀를 공개할 경우 과거 기록은 자녀에게까지 직접적인 피해를 입힌다. 우리에게도 비슷한 일이 일어날 수 있다.

한편 별것 아닌 듯한 사진 한 장을 삭제해달라고 간곡히 부탁하는 부모를 가끔 만난다. 결혼하기 전 혹은 아이를 낳기 전에 올렸던 게시물을 지워달라는 것이다. 금액을 산출해 청구하기도 다소 애매한 의뢰여서 "누가 부러 검색해보지 않는 이상 크게 문제 될 것 같지 않은데요"라고 말하지만 열에 아홉은 포기하지 않는다. "저는 괜찮은데 혹시나 나중에 우리 애한테 해가 되면 어떻해요"라며 재차 요청한다. 이런 염려가 무릇 부모의 마음 아닐까.

가족, 특히 자식에게서 자신을 지나치게 드러내지 말아달라는 부탁을 들으면 당장은 답답할 것이다. 그 부탁에 응하더라도 큰 손해는 보지 않을 테니 눈 딱 감고 한 번 수락해보기를 권한다. 보통 말리는 쪽에서는 사생활 침해나 불필요한 다툼을 막으려 하기 때문이다. 막을 수 있다면 좋지 않겠는가. 살짝 자제한 덕에 가족관계가 나아진다면 더욱 좋은 일이겠다.

거짓 소문이 퍼졌어요

허위 사실 유포

"제 친구가 원조 교제를 한다는 소문이랑 사진이 SNS에서 돌고 있거든요. 혹시 그 사진이 합성된 건지도 봐주시나요?"

엉뚱한 의뢰인의 목소리 뒤로 작게 "야, 됐어"라고 말하는 목소리가 들렸다. 지금 옆에 소문의 주인공인 친구가 있느냐고 물으니 맞단다. 본인과 이야기하는 편이 나을 것 같아 바꿔달라고 했다. 먼저 전화를 건 아이의 목소리는 씩씩했는데 사건 당사자라는 지현이의 목소리에는 영 힘이 없었다.

　"아예 본 적도 없는 아저씨랑 제가 같이 있는 사진이 돌아요. 그 아저씨가 저를 서포트해주는 분이래요. 차라리 누가 진짜 서포트 좀 해주면 좋겠네요."

　부모님이 함께 꾸리던 작은 회사가 무너진 뒤로 지현이는 부모님과 떨어져 지내게 됐다. 부모님이 집안 살림을 다시 일으키려 애쓰는 동안 고등학생인 지현이는 동생과 함께 할머니 댁에서 생활했다. 동생이나 할머니가 병원이라도 가는 날이면 지현이는 학교에 나가지 못했다. 뒷바라지할 사람이 지현이밖에 없었던 탓이다. 그때를 틈타 헛소문이 불길처럼 일어났다.

　합성사진이 같이 돈다는 점이 아무래도 마음에 걸렸다. 지현이에게 문제의 사진을 보내달라고 부탁했다. 한 여학생이 중년 남성과 함께 서 있었는데 여학생의 얼굴과 목 사이가 약간 틀어져 있는 것 같았다. 지현이와 친구의 말대로 합성사진인 듯했다.

'저러다 말겠지' 하는 착각

사진 속 남자에 대해 적극적으로 해명하고 게시물을 처음 올린 가해자를 잡아야 한다고 지현이를 설득했다. 하지만 지현이는 시종일관 덤덤하게 그럴 생각이 없다고 했다. 자기 나름대로 해명해봤지만 소용이 없었다는 것이다.

"대표님. 그 애들 머릿속에서는 이미 결론이 났어요. 속으로는 거짓말인 줄 안다고 해도 절대 겉으로는 인정하지 않을 거예요. 나서봤자 제 머리만 아파요. 한 달만 지나면 전학 갈 테니까 금방 잊히겠죠."

지현이는 자신의 예상대로 조용히 잊혔을까? 결론부터 이야기하자면 그렇게 되지 않았다. 내가 이후의 사연을 알고 있는 까닭은 지현이가 결국 우리 회사에 의뢰를 했기 때문이다. 지현이가 들어간 대학교 SNS에 예의 그 합성사진과 헛소문이 또 올라왔던 것이다. 지현이는 그 일 때문에 남자 친구와 헤어졌다고 한다. 이대로 방치하면 오래도록 힘들어질 것 같았다고 했다. 이제라도 연락을 줘서 다행이었지만 처음부터 잡았으면 좋았으리라 생각하니 한편으로는 씁쓸했다.

거짓말도, 거짓말 유포도 모두 범죄다

일이 터진 시점에 바로 의뢰했다면 나는 지현이에게 화면 캡처부터 부탁했을 것이다. 소문을 만들고 옮긴 사람들의 연락처나 계정 정보를 수집하고 그들이 올린 게시물을 가능한 많이 모아야 한다. 이를 바탕으로 경찰청 사이버 수사국에 피해 사실을 신고할 수 있다. 그 뒤에는 게시물을 삭제해 거짓 이야기가 전파되는 상황을 막도록 한다.

추가로 권하고 싶은 조치는 바로 모니터링이다. 일단 네트워크에 풀린 이미지와 메시지는 끊임없이 퍼져 나간다. 1차 가해자가 범행을 그만두어도 쉽게 마음을 놓기 어려운 이유다. 또 다른 가해자가 나타나 유포하지 않는다는 보장이 없다. 내 경험상 6개월 이상 추이를 지켜보며 삭제를 계속해야 안심할 만한 수준으로 데이터가 사라진다.

지현이를 괴롭힌 가해자가 고소를 당한다면 허위 사실을 유포함으로써 인신공격을 했으므로 명예훼손죄를 적용받게 될 텐데 우리나라 법에는 두 가지 명예훼손죄가 존재한다. 형법상의 죄와 정보통신망 이용촉진 및 정보보호 등에 관한 법률(이하 '정보통신망법')상의 죄다. 후자를 '사이버 명예훼손죄'라고도 부른다. 이쪽의 벌칙이 훨씬 무겁다.

왜일까. 말로 뱉은 소문과 인터넷에 글로 적은 소문이 각각 어떻게 퍼질지 상상해보면 금방 답을 낼 수 있다. 확산 속도와 범위, 그로 인한 피해의 수준 면에서 사이버 명예훼손이 압도적이다. 허위 사실을 인터넷으로 유포한 사람이 받는 형량은 타인의 신체를 고의로 해친 사람이 받는 형량보다 높다. 최고 벌금액 차이가 다섯 배나 된다.

글을 써 인터넷에 올린다는 간편한 방법 때문에 행동 자체가 별것 아니라는 오해를 사기 쉽지만 사이버 명예훼손죄는 결코 가벼운 죄가 아니다. 인간은 '사회적 동물'이라는 표현이 나올 정도로 사회생활에 의존한다. 타인의 사회적 평가를 신속하고도 심각하게 망가뜨리는 행위를 법률은 묵과하지 않는다.

같은 이야기를 여러 해에 걸쳐 두 번이나 퍼뜨린 것을 보면 가해자는 자신의 죄를 가볍게 여겼음 직하다. 범죄 행각을 벌이고 있다는 자각이 없었을지도 모른다. 실제 명예훼손죄를 저지른 많은 사람이 "그렇게까지 괴로워하는 줄 몰랐다", "이렇게 큰 죄인지 몰랐다"라고 말한다. 몰랐다니 배우면 될 일이다. 죄상을 낱낱이 파악할 수 있도록 법적 책임을 끝까지 묻도록 하자.

저를 공격하는 계정이 생겼어요

비방 계정

'까판' 또는 '까계정'이라는 말을 들어봤는지 모르겠다. 타인을 비난하기 위한, 시쳇말로 '까기' 위한 SNS 계정을 가리킨다. 한 인터넷 인플루언서가 불량제품을 판매했다고 제보해 이목을 모은 계정이 유명하다. 이러한 계정이 그저 공익에 기여한다면 좋을 텐데 부당한 비방을 일삼아 누군가의 사업과 사생활을 망치는 사례가 잇따르니 문제다.

피트니스센터를 운영하는 민재 씨는 비방 계정 탓에

몸살을 앓다가 결국 우리 회사를 찾아왔다. 얼마 전 센터에 등록했던 세웅 씨 때문에 센터 문을 닫게 생겼다고 하소연했다.

세웅 씨는 몸매가 좋기로 SNS에서 유명한 사람이었다. 헬스로 20킬로그램 이상을 감량한 과거가 알려지고 몸매 관리 방법을 묻는 누리꾼에게 상세한 답변을 주면서 인기를 얻었다. 팔로워들은 그의 조언에 따라 운동법을 바꾸고 식사를 조절했다.

그는 독설로도 이름나 있었다. 마음에 들지 않는 서비스나 물건은 가차 없이 끌어내렸다. 한 헬스클럽 트레이너가 세웅 씨의 심기에 거슬리는 행동을 해서 크게 싸운 뒤로 그 클럽의 회원 수가 급격하게 줄었다는 소문이 업계에 파다했다. 센터 안으로 들어오는 세웅 씨를 본 순간 민재 씨의 머릿속에는 걱정이 앞섰다.

세웅 씨는 PT를 받고 싶다고 말한 뒤 본인을 아느냐고 물었다. 민재 씨가 "그럼요"라며 끄덕이자 세웅 씨는 자신의 인스타그램 팔로워 수를 보여주었다. 이 센터에서 운동하는 사진과 동영상을 보고 따라서 등록할 사람이 많다고 했다. 벌써 몇 곳의 센터가 본인 덕을 봤단다. 결론인즉 PT 비용을 절반으로 깎아달라는 것이었다.

민재 씨는 절반까지는 어렵다며 타협안을 제시했다. 세웅 씨는 자신이 다녀간 이후 매출이 두 배 오른 센터의 대표와 지금 당장 통화할 수 있다고 했다. 실랑이가 30분 가까이 이어졌다. 끝내 세웅 씨가 뜻을 꺾고 민재 씨가 제안한 금액으로 등록했다. 떨떠름한 표정으로 계좌 이체를 하는 세웅 씨를 보니 PT 과정이 순탄치 않을 것 같았다.

재미 삼아, 사소한 이익을 누리려고
타인을 비방한다니

아니나 다를까. 세웅 씨는 첫날부터 흠을 잡느라 바빴다. 센터에 비치된 기구가 부족하다 불평했고 민재 씨의 설명에 일일이 토를 달았다. 세웅 씨가 큰 목소리로 불만을 토로할 때마다 다른 회원들의 눈총이 날아들었다. 민재 씨는 퍼스널트레이너가 된 이래로 가장 힘겨운 2주를 보냈다.

3주 차에 접어든 날 세웅 씨는 그만두겠다는 연락을 해왔다. 민재 씨의 트레이닝 스타일이 자신과 맞지 않는다는 것이 이유였다. 세웅 씨는 통화 말미에 위약금은 낼 테니까 걱정하지 말라고 했다. 하지만 민재 씨의 걱정거리는 위약금이 아니었다.

이튿날 세웅 씨의 인스타그램에 민재 씨네 센터 사진이 올라왔다. "듣도 보도 못한 루틴을 경험했다", "PT를 2주쯤 받아보면 감이 오는데 몸이 좋아진다는 느낌이 없었다", "비용에 걸맞은 트레이닝이었는지 의심스럽다"라는 글이 함께 걸려 있었다. 이 글은 세웅 씨가 활동하는 인터넷 커뮤니티에도 올라갔다.

민재 씨 센터의 인스타그램 계정은 어느새 세웅 씨 팔로워들의 놀이터가 되었다. 센터에 등록한 적 없는 이들이 센터의 문제점을 짚으며 성토대회를 벌였다. 그중 누군가가 민재 씨의 과거를 언급했다. 보디빌더일 때부터 운동 방식이 이상해 보였는데 누가 누구를 가르친다는 것인지 의아했다고 꼬집었다. 그사이 아예 민재 씨를 공격하는 데 집중하는 계정이 생겼다. 비난의 대상은 민재 씨의 가족과 센터에 다니는 다른 회원으로 확대됐고 동조하며 말을 얹는 사람이 점차 늘어났다.

이후 센터 회원 수가 눈에 띄게 줄었다. 기존 회원이 의심 어린 질문을 던지는 일이 종종 생겼다. 민재 씨는 비방 계정에 시달리는 여느 인플루언서와 비슷하게 대응했다. 유독 심한 말을 내뱉는 사람을 차단하고, 인스타그램에 신고를 넣고, 아예 댓글 기능을 막아보기도 했다. 그리고 이내 모든 조치가 소용없음을 깨달았다. 한번 먹잇감이 되면 만신창이가 될 때까지 괴롭힘을 당하는 것 외에는 달리 할 수 있는 일이 없었다.

정황과 데이터를 살펴보니 민재 씨가 과도한 비난을 받고 있다는 판단이 섰다. 세웅 씨와 세웅 씨의 팔로워들에게 민재 씨와 관련한 게시물을 삭제해달라고 요청했다. 그들은 사실을 적시했다며 요청에 응하지 않았다. 남은 방법은 명예훼손을 이유로 들어 포털사이트 등에 게시 중단 요청을 하는 것이었다. 국내 사이트와 관련한 처리는 비교적 수월했지만 표현의 자유를 운운하는 해외 사이트 운영진과는 한참 동안 신경전을 벌여야 했다.

자신보다 행복해 보이는 사람을
괴롭히고 싶다는 비뚤어진 욕망

비방 계정의 피해자는 대부분 인터넷 유명인이다. 이들이 꼽는 피해 원인은 유명인을 향한 시기심, 경쟁자 배제 욕구 등이다. 이러한 마음 자체에 죄를 묻고 싶지는 않다. 지극히 자연스러운 감정이라서다. 시기심은 막 동생을 본 어린아이에게도 나타날 만큼 본능적이다. 사업자 입장에서는 경쟁 상대가 사라졌으면 좋겠다는 생각이 조금쯤 들 법하다.

　잘못을 저지르는 유명인이 많다는 점도 비방 계정을 무조건 책망할 수 없는 이유다. 2020년 8월 유튜브를 중심으로 일어난 '뒷광고 논란'이 대표적 사례다. 일부 유튜버가 광고라는 점을 알리지 않고 제품을 홍보했다는 사실이 뒤늦게 밝혀진 사건인데 뒷광고로 시청자를 속인 이들 중에는 인기 유튜버가 대거 포함되어 있었다.

　명백한 과오에 대한 비난이야 받아 마땅하다. 그러나 비방 계정이 정당한 비판만을 했다면 지금처럼 악명을 떨치지는 않았을 것이다. 선을 넘은 비난을 퍼붓는 계정에는 타인을 깎아내리고 싶은 욕망이 모여 세를 키운다. 계정주와 동조자들이 서로를 부추기며 가속페달을 밟는 사이 비난은 초점을 잃고 엉뚱한 곳으로 치닫는다.

　제품의 부작용에 대한 거짓 주장, 이를 바탕으로 한 민원 제기, 가족이나 지인을 향한 인신공격, 잘못과 무관한 과거사 공개. 비방 계정의 일반적인 공격 방법이다. 공익을 위한 제보라는 명분을 붙일 곳이 없다. 그저 상대방을 무너뜨리겠다는 결심만이 선명하다. 자신보다 행복해 보이는 사람을 파멸시키기 위해서라면 자신의 인격한 부분을 파괴해도 괜찮다는 것일까. 열정을 쏟을수록 범법에 가까워질 텐데 죗값을 감수할 만큼 가치 있는 노력이라고 믿는 걸까. 나로서는 이해하기 어렵다.

외국 기업이 운영하는 사이트에서 익명으로 활동하니 수사기관의 손이 미치지 못한다는 단정은 섣부르다. 인스타그램에서 타인의 개인정보를 비난용으로 게시하고 허위 사실을 유포했다가 구속된 사례가 존재한다. 당시 경찰은 인스타그램의 운영 주체인 페이스북의 협조를 받아 수사를 진행했다. 비방 계정의 해악이 날로 심해지는 만큼 수사가 더 촘촘해질 가능성은 얼마든지 있다.

경찰에게 정체를 들키면 어쩌나 걱정하기보다 시기심과 경쟁심을 잘 이용하는 편이 나을 것이다. 질투의 이면에 어떤 결핍이 도사리고 있는지 주의 깊게 살펴보자. 부족한 부분을 천천히 채우는 사이 타인의 불행보다 자신의 행복에 더 집중하는 스스로를 발견하게 될지도 모른다.

　그렇다면 인플루언서는 어떠한 태도를 갖추어야 이 험한 디지털 세상에서 살아남을 수 있을까. 싸이월드가 대세이던 2000년대부터 지금까지 인플루언서로 활약하고 있는 지인에게 오래도록 큰 마찰을 겪지 않고 활동한 비결이 무엇인지 물어보았다.

　지인의 첫마디는 "팔로워는 가족이 아니다"였다. 피를 나눈 가족과도 의견 충돌로 싸우는데 하물며 남은 어떻겠냐는 것이었다. 속내를 노출할수록 불특정 다수와의 마찰 가능성이 커진다. 감정이나 생각을 드러내는 일은 최대한 자제하는 것이 좋다.

　소통할 때는 타인을 최대한 존중해야 한다. 팔로워의 '좋아요'라는 말 앞에는 '당신이 나한테 친절하다면', '당신이 내 말을 경청하고 즉각 피드백을 해준다면'이라는 전제가 숨어 있다. 무시당하고 싶어 하는 사람은 없고 인터넷상의 소통은 기록으로 남는다. 생각 없이 던진 짧은 말이 곧잘 크나큰 반감으로 돌아온다. 배려가 몸에 배어 있다면 실수를 줄일 수 있다.

지인의 마지막 노하우는 사치에 대한 경계였다. 비방 계정에 자주 오르내리는 험담 소재 중 하나가 과소비다. 호화로운 생활은 사람들의 호기심을 자극하고 으레 시기와 공격의 대상이 된다. 궁상맞아 보일 필요는 없지만 낭비한다는 인상을 주어서 좋을 것도 없다. 적정선을 넘지 않도록 주의해야 한다.

실천하기 어렵겠다는 생각이 먼저 들었는데 가만히 따져보니 그렇지만도 않았다. 다들 어느 정도 의식하고 있고 행동으로 옮기는 지침이다. 인플루언서뿐 아니라 비방 계정 운영자도 새겨두면 좋을 기본적인 이야기다. 그 기본이 무너져 내린 인터넷 사회를 어떻게 일으켜 세우면 좋을지 고민이 깊어진다. 지인의 SNS 계정은 게시글이며 댓글이며 단정한 말로 가득했다.

3장

디지털 장의사를

찾는 사람들

학교폭력 처분이 꼬리표가 됐어요

학교폭력 가해

"정윤우, 서울대? 못 갈 텐데?"

윤우의 SNS에 어느 날 이런 댓글이 올라왔다. 댓글을 올린 이의 아이디를 타고 SNS 계정에 들어가 보니 윤우를 비롯한 몇몇이 한 아이를 꾸준히 괴롭히는 상황이 담긴 동영상이 올라와 있었다. 말꼬리를 잡고 면박을 주고 비웃는 장면이었다. 교실에서, 교실 밖에서, 심지어는 채팅창에서까지 괴롭히는 장면들이 줄줄이 올라와 있었다. 기록을 보니 장장 6개월에 걸친 따돌림이었다.

피해자는 윤우가 중학생일 적에 윤우네 반으로 전학 온 남학생이었다. 말수가 적고 혼자 있기를 선호하는 그 학생은 금세 반 아이들의 표적이 됐다. 윤우를 비롯한 다섯 명이 주도적으로 움직여 그 학생을 따돌렸다. 3월에 전학 온 아이는 한 학기가 다 지나도록 윤우네 반에서 겉돌았다.

2학기가 시작되었지만 그 아이는 학교에 나오지 못했다. 심각한 우울증 때문에 입원하게 된 것이다. 여느 때와 같이 학원에 다녀온 후 말없이 자기 방으로 들어가려던 윤우는 어머니가 "담임 선생님한테 전화가 왔더라"라고 말하자 그 자리에서 굳었다.

평소 부모님과 별다른 대화 없이 지내왔지만 그날만큼은 피할 수가 없었다. 심지어 자신이 무엇을 잘못했는가에 대해 얘기해야 했다. 어머니가 선생님에게서 자세한 이야기를 들은 터라 적당히 발뺌하지도 못했다.

이튿날 윤우는 부모님과 함께 피해 학생이 입원해 있는 병실을 찾았다. 피해 학생의 어머니는 왜 사람을 이

렇게까지 몰아갔냐고 물었다. 윤우는 "잘못했습니다. 미
안해"를 반복하며 고개를 숙였다. 윤우네 가족과 피해
학생 가족은 말을 길게 잇지도 못하고 한참을 울었다.

잘못했다고 사과하고 속죄도 했지만…

윤우는 강제로 전학을 가게 되었다. 새 학교에서는 소위
'일진'이라 불리는 아이들을 멀리했다. 학교폭력이 될 만
한 어떤 일과도 얽히고 싶지 않았다. 고등학교에 진학한
뒤에도 마찬가지였다. 성적이 좋았던 윤우는 서울대를
목표로 잡고 공부했다. SNS에도 다짐 삼아 목표를 써두
었다.

며칠 뒤 문제의 댓글과 캡처 이미지, 동영상이 SNS
에 올라왔다. 한 번으로 끝이 아니었다. 윤우의 중학교
동창이라는 누군가는 윤우의 SNS에 지속적으로 글과 이
미지를 올렸다. 학교폭력 가해자가 명문대에 갈 수는 없

을 거라고 했다. 윤우가 서울대 입학을 포기할 때까지 글을 쓰겠다고도 했다.

소문은 삽시간에 퍼졌다. 함께 하교하던 친구들이 윤우와 거리를 두었다. 윤우의 SNS 계정과 모바일 메신저에는 익명으로 윤우를 비난하고 조롱하는 메시지가 매일같이 도착했다. 모범생인 척하더니 일진이었냐며, 같은 학교에 있다는 게 기분 나쁘니까 알아서 조용히 다니라는 내용이었다.

윤우는 며칠 결석을 했다. 아파서 학교에 못 가겠다는 말을 윤우 어머니는 곧이곧대로 믿지 않았다. 아들의 낯빛이 어두워지고 태도가 날카로워진 것이 벌써 며칠째였기 때문이다.

윤우가 씻는 사이 윤우의 핸드폰에 뜬 메시지를 본 어머니는 깜짝 놀랐다. "결석하고 우리 처리할 깡패 모으는 중이냐?" 어머니는 샤워를 마친 윤우 앞에서 그 메시지를 읊었다. 그제야 윤우는 앞뒤 사정을 털어놓았다.

우리 회사에 연락한 사람은 윤우의 어머니였다. 이야

기를 듣고 보니 윤우뿐 아니라 윤우에게 피해를 입었던 학생이 걱정됐다. 소문이 퍼지면 그 학생에 대한 2차 가해가 일어날 수도 있을 것 같았다. 그 학생이 트라우마에 다시금 시달리는 일도, 윤우가 그 일을 족쇄로 안고 가는 일도 막아야겠다는 생각이 들었다.

피해 학생에게 연락해 사연을 전했다. 힘든 기억을 꺼내게 해서 미안하지만 혹시 윤우가 사과했음을 확인해줄 수 있는지 조심스레 물었다. 그 학생은 동영상을 찍어 보냈다. 입원한 자신에게 가장 먼저 찾아와 사과했으며 이후로 다시는 자신을 괴롭히지 않았다고 증언해주었다.

윤우의 SNS에 글을 올린 중학교 동창과도 연락이 닿았다. 억울해서 그런 글을 썼단다. 본인은 강제 전학 간 학교에서도 일진으로 찍혀 갖은 고생을 했는데 윤우는 멀쩡하게 생활하면서 서울대에 간다고 하니 순간 화가 났다는 것이다. 솔직히 아직도 윤우가 얄밉지만 잘못했다고는 생각한다던 그 학생도 동영상을 보냈다. 지난 일을 비겁하게 들춰내는 행동은 그만두겠다고 했다.

두 동영상을 모두 윤우의 SNS에 올렸다. 윤우와 피해 학생, 옛 동창에 대한 부정적 이미지를 먼저 가라앉혀야 한다고 봤다. 삭제 작업은 그 뒤에 진행했다. 게시물이 많지 않아 예상보다 빨리 마무리할 수 있었다.

학교폭력 가해자에게도 잊힐 권리가 있는가

일전에 한 강연회에서 학교폭력 관련 질문을 받았다. "학교폭력 가해자한테도 잊힐 권리가 있다고 생각하세요?" "대표님의 따님이 피해자라고 해도 가해자의 흑역사를 지워주실 겁니까?" 나는 두 질문에 모두 "예"라고 대답했다.

학교폭력 가해자를 두둔할 마음은 없다. 내 딸이 학교폭력의 희생자가 된다면 마음속에 분노가 들끓을 것이다. 하지만 공공선에 위배되지 않는 한 누구에게나 잊힐 권리가 주어져야 한다는 것은 나의 사업 철칙이다.

피해자가 '왕따 당했던 사람'이라는 꼬리표를 달아서는 안 되듯이 가해자 또한 '남 따돌린 사람'이라는 꼬리표에서 벗어날 수 있어야 한다. 피해자를 위해서라도 그렇게 해야 한다. 가해자가 폭력으로부터 멀어질수록 피해자가 2차 가해를 입을 확률도, 새로운 피해자가 생겨날 확률도 줄어든다.

이른바 '문제아'가 늘 말썽을 일으키는 아이라고 단정해버리면 그 아이가 달라질 가능성은 사라지고 만다. '학교폭력 가해자'라는 낙인도 비슷한 결과를 낳는다. '주변 사람들이 다 나를 가해자로 보는데, 달라지겠다고 해봤자 누가 믿어주겠어? 내 이미지는 어차피 바닥이야. 무슨 짓을 하든 더 손해 볼 것 없잖아.' 이런 생각은 또 다른 폭력으로 이어지기 쉽다.

"피해자는 평생 트라우마를 안고 살아가는데, 가해자의 과거를 지워주면 가해자만 발 뻬고 잘 살게 되지 않나요?"라는 말을 듣기도 했다. 진심으로 뉘우치지 않는 가해자 때문에 피해자가 입을 상처를 염려하는 것이리라 짐작한다.

반성 없이 과거를 세탁하려는 가해자를 만나면 나도 굉장히 심란해진다. 우리 회사는 청소년 의뢰인에게 무료로 서비스를 제공하지만 몰염치한 의뢰인은 예외다. 부모님을 모셔 오게 하고 있는 그대로 비용을 청구한다. 어떤 대가도 치르지 않고 새 출발을 하겠다니 안 될 말이다. 이 방침 때문에 발걸음을 돌리는 의뢰인 수가 꽤 되는데 방침을 바꿀 생각은 없다.

최소한 남 보이기 부끄러운 잘못을 했다는 자각쯤은 반드시 필요하다. 그런 수치심은 다시는 죄를 짓고 싶지 않다는 마음으로 발전할 수 있다. 과거 기록 삭제는 그 마음을 현실로 옮기려는 노력에 조금이나마 힘을 실어주는 일이다.

기록을 지운 모든 가해자가 새로운 삶으로 나아가지는 못할 것이다. 자기반성은 어려운 일이고 때로는 몇 년이 걸리기도 하니 한참 뒤에야 본인의 과거를 제대로 돌아볼지도 모른다. 설령 그런 사례가 있다 해도 아직 청소년인 의뢰인의 앞날을 부정적으로 넘겨짚어서는 안 된다. 달라질 기회를 주지 않은 채 왜 달라지지 않느냐고 다그칠 순 없는 노릇이다.

기록이 사라지고 나면 가해자의 마음에는 얼마간 여유가 생긴다. 여유가 있어야 남의 사정이 눈에 들어오는 법이다. 언젠가 넉넉해진 마음으로 피해자의 심정을 헤아려주기를 바라며 삭제 작업을 한다. 피해자가 겪은 괴로움이 스며들 때쯤에는 알게 될 것이다. 과오로부터 벗어나려면 과오를 기억해야 한다는 사실을. 가슴 한편에 죄책감이 살아 있어야 죄와 멀어질 수 있다는 것을. 이 데이터를 잊지 말라고 되뇌며 데이터를 지웠던 내 마음도 그 무렵엔 이해하게 될 것이라 믿는다.

생각 없이 쓴 말이었어요

악성댓글 기재

2019년 10월에는 다음이, 2020년 3월에는 네이버가 연예 뉴스 댓글난을 폐지했다. 논란이 있었음에도 대형 포털사이트가 연이어 폐지를 결정한 까닭은 그 피해가 너무나 두드러졌기 때문일 것이다. 악성댓글에 괴로워하다 세상을 떠난 연예인이 한둘이 아니라는 사실을 우리는 너무나 잘 알고 있다.

그렇게 또 한 사람이 떠나간 직후의 일이다. 그에 대한 기사에 악성댓글을 달고 그를 비방하는 게시물을 작성했던 몇몇이 우리 회사에 왔다. 얼굴빛이 하나같이 사색이었다. 하루라도 빨리 자신이 쓴 글을 삭제해달라고 했다.

나는 그들이 모욕한 사람을 직접 만난 적이 있다. 모델 에이전시를 운영하던 시절에 여러 번 얼굴을 봤다. 밝고 사랑스러웠던 어린 시절 그의 모습이 눈앞에 어른거렸다. 마음을 가까스로 가다듬은 뒤 왜 공개적으로 험담을 했는지 물었다.

자신이 싫어하는 연예인과 연애를 해서 그랬다는 사람도 있었고 출중한 외모로 젊은 나이에 엄청난 재력을 가졌다는 점이 얄미워서 그랬다는 사람도 있었다. 그래서 한 사람이 싫어질 수 있다는 것까지는 이해했다. 하지만 악성댓글로 감정을 표출하는 일은 전혀 다른 차원의 이야기다.

악성댓글은 사람의 영혼을 죽이는 행동

악성댓글 때문에 우리 회사를 찾는 사람은 대개 다음 세 가지 중 하나를 이유로 댄다. 스트레스를 풀고 싶어서, 관심을 즐기고 싶어서, 연예인에 대한 감정을 표출하고 싶어서. 개인적인 스트레스와 인정욕구를 풀기 위해 남을 해치기로 했다는 말이 그들에게는 참 쉬웠다. 연예인을 향한 악감정을 언급하는 사람은 대중의 비판을 들려주려 했다고 한다. 자신에 대한 입바른 평가를 본인이 작성한 댓글과 비슷한 형태로 들어보면 그 말이 '비판' 기능을 잃었다는 사실을 금방 깨달을 터다.

이유가 무엇이든 악성댓글은 상대방의 영혼을 죽이는 행동이라고, 본인이 썼다는 사실이 발각되면 어쩌려고 이런 무시무시한 짓을 저질렀냐고 했다. "익명으로 쓴 글인데 나라는 걸 누가 알까 싶었어요." "연예인이니까 이 정도는 감당해야 한다고 생각했어요." "그렇게 쉽게 죽을 줄은 꿈에도 몰랐어요." 악성댓글을 다는 사람의 사고방식이 보통 사람과 다르다고 느끼긴 했지만 이 정도면 참담했다. 말문이 막혔다.

가해자의 70퍼센트가 학생이었다. 청소년기에는 공감 능력이나 판단 능력이 성인에 비해 떨어질 수 있다. 게다가 다들 겁에 질린 얼굴로 찾아왔다. 잘못된 행동을 했다는 사실만은 알게 되었다고 봤다. 반쯤은 나무라고 반쯤은 타이르며 삭제 작업을 했다. 고인을 위해서라도 지워야 한다고 속으로 되뇌었다.

불법 촬영물이나 비방 게시물로 고통받는 청소년을 너무 많이 봤기에 그들의 의뢰를 10여 년간 무료로 받았다. 올바른 인터넷 사용법이 왜 중요한지 체험하는 기회를 제공해왔다고 자부한다. 원칙을 세웠다면 흔들리지 말아야 할 텐데 의뢰인에게 인간적으로 실망할 때면 결심에 조금씩 균열이 간다. 무료로 삭제 처리를 해주는 것이 과연 상책인가 싶다. 더 나은 방법을 끊임없이 찾아야 한다는 생각이 든다.

댓글을 등록하기 전에 크게 소리 내어 읽어보자

악성댓글을 줄이기 위해 일단 필요하다고 보는 조치는 법적 처벌을 구체적으로 안내하는 일이다. 일단 어느 정도의 댓글이 처벌 대상인지 잘 모르는 의뢰인이 많다. 상대방의 사회적 평판을 떨어뜨리고 비난하겠다는 뜻이 읽히는 모든 표현이 처벌 대상에 들어간다. "흔히 쓰는 표현이다", "심한 욕이 아니다"라는 말은 통하지 않는다.

적용할 수 있는 죄목이 여러 가지다. 정보통신망법 제70조는 정보통신망을 통해 사실을 드러내 타인의 명예를 훼손한 자에게 3년 이하의 징역 또는 3000만 원 이하의 벌금에 처할 것을 명시하고 있다. 게시한 내용이 거짓일 때는 벌칙이 커진다. 7년 이하의 징역, 10년 이하의 자격정지 또는 5000만 원 이하의 벌금형이 떨어진다.

명예훼손죄를 적용하기도 한다. 사실 적시 명예훼손의 경우 2년 이하의 징역이나 금고 또는 500만 원 이하의 벌금형, 허위 사실 적시 명예훼손의 경우 5년 이하의 징역이나 10년 이하의 자격정지 또는 1000만 원 이하의 벌금형에 처해진다. 댓글 내용이 단순 평가에 가깝다면 모욕죄가 적용될 가능성이 있다. 1년 이하의 징역이나 금고 또는 200만 원 이하의 벌금형을 받는다.

"악성댓글에 법적 대응하기로 했다"라는 말은 곧 댓글 작성자를 고소하겠다는 의미다. 고소 대상이 되었다는 사실은 경찰이 전화로 알린다. 전화를 받은 뒤에는 경찰서에 가야 한다. 경찰에게 본인이 쓴 댓글의 내용과 댓글을 쓰게 된 경위를 직접 말해야 하기 때문이다. 진술 내용은 경찰이 작성하는 조서에 들어간다.

반성문을 작성해 선처를 호소할 수 있다. 상대방이 법적 대응에 나설 정도로 큰 피해를 입었다는 입장을 보인 만큼 가볍게 쓴 한두 장의 반성문으로는 상황이 달라지지 않는다. 온 마음을 다해 쓴다고 한들 참작해준다는 보장은 없다. 그러나 손 놓고 있다가는 법정에 서게 되는 까닭에 대부분 반성문 쓰기를 택한다.

상대방이 강경 대응에 나선다면 법원에 출석해 경찰

에게 했던 이야기를 다시 한번 꺼내야 한다. 마지막으로 남은 일은 판결을 기다리는 것이다. 벌금형 이상은 전과로 등록되어 평생 사라지지 않으며 이에 따라 취업제한 등의 불이익을 받게 된다. 기소유예 기록은 성인의 경우 5년, 청소년의 경우 3년 동안 남는다. 공무원이라면 실질적인 불이익을 받을 수 있고 유예 기간에 거듭 죄를 저지르면 그 죄가 무엇이든 가중 처벌될 가능성이 크다.

만 10세 이상이라면 청소년이라도 법적 처분을 받는다. 대체로 보호자에 의한 감독에서 소년원 장기 송치에 이르는 열 가지 처분 가운데 하나가 내려진다. 14세 이상은 형사 처벌 대상에 포함되므로 죄질에 따라 성인과 마찬가지로 벌금형 등을 받을 수 있다. 성인과 다른 점은 경찰서 방문이나 법정 출석 등의 과정을 밟을 때 법적 보호자와 동행해야 한다는 것이다. 부모님 모르게 처리하고 싶겠지만 불가능하다.

고소를 당했다는 연락을 받은 날로부터 최종 판결을 받기까지는 수개월이 걸린다. 그동안 어떤 처벌이 떨어질지, 전과자가 되고 마는 건지 알지 못하는 채로 지내야 한다. 불안에 마음을 졸이는 긴 나날이 어쩌면 또 하나의 죗값일지도 모른다.

가해자는 가능한 피해자와 합의해 법적 처분으로부터 벗어나려 한다. 그러나 언론 인터뷰에 응한 법조인들에 따르면 악성댓글 작성자가 합의에 성공할 가능성은 낮다. 악담에 시달려 매우 지친 상태로 고소하기 때문에 피해자의 80퍼센트 정도가 가해자를 법정에 세운다고 한다. 악성댓글이 끼치는 심리적 피해가 어느 정도인지 짐작하게 해주는 수치다.

가족이나 친구 혹은 지인에게 들었던 비난을 기억할 것이다. 잘못이 없는데도 들었던 말과 잘못에 비해 지나쳤던 말은 특히 가슴에 사무쳤으리라. '나를 잘 알지도 못하면서 왜 저렇게 심한 말을 해'라고 생각하지 않았나. 잊은 줄 알았는데 문득 떠올라 괴로워지지 않던가. 악성댓글이 바로 그런 말이다.

등록 버튼을 누르기 전에 본인이 쓴 댓글을 소리 내

서 읽어보자. 부모님, 경찰, 검사, 판사, 선플(착한 댓글) 교육 강사, 나 같은 디지털 장의사 앞에서 그대로 다시 읽고 왜 그런 글을 썼느냐 질문받는 상상을 해보자. 상대방이 납득할 만한 대답이 나오지 않는다면 그 댓글은 지워야 한다. 언젠가 누군가의 숨통을 죄고 자신의 발목을 잡을 인터넷 기록으로 남겨서는 안 된다.

과거 게시물 때문에 취업 길이 막혔어요

반사회적 커뮤니티 활동

얼마 전 공공기관에서 일하는 지인이 상담을 청해왔다. 한 직원 때문에 골치가 아프다고 했다. 그 직원은 동료 직원을 상대로 여성을 깎아내리는 발언을 했다가 구설에 올랐다. 그의 온라인 행적을 추적한 동료 직원들은 그가 일간베스트 저장소, 소위 '일베' 회원이라는 사실을 알게 됐다.

그의 과거는 화려했다. 그가 일베에 올린 수천 개의 글 대부분이 음담패설, 지역 비하, 일부 정치인 비하 발

언이었다. 약자를 향한 폭력성과 극우 편향성을 숨 쉬듯
이 드러냈다. 동료 직원들은 인간에 대한 기본적인 존중
을 갖추지 못한 사람이 공공서비스 관련 업무를 봐서는
안 된다고 입을 모았다.

이 사달은 승진 심사 몇 개월 전에 벌어졌다. 그는 승
진 대상자였고 내 지인은 심사 담당자였다. 지인은 하필
이런 시기에 들통이 났다며 얼굴을 찌푸렸다. 그렇지 않
아도 일베에 반감을 가지고 있던 터라 듣고 있자니 머리
에 열이 올랐다. 나도 모르게 큰소리가 나왔다.

"승진은 무슨. 퇴직 심사를 해야 하는 거 아니야?"

지인은 한숨을 쉬었다.

"생각처럼 일이 간단하지가 않아. 그 직원이 잘못한
건 사실이긴 한데 입사 이후에는 일베 활동을 싹 끊었거
든. 업무 평가 결과가 나쁘지 않은 사람을 특정 커뮤니티
회원이라고 심사 대상에서 제외할 순 없단 말이지. 자르
기는 더 어려워. 내부 규정을 어기지 않았고 현행법에 저
촉되는 짓을 하지도 않았으니까."

동료 직원들은 문제의 직원이 승진한다니 말도 안 된다고 했다. 그의 퇴사를 종용하는 목소리도 높았다. 하지만 기관 상부에서는 그에게 결격 사유가 없다는 판단을 내렸다. 업무와 무관한 잘못을 했을 뿐이라는 의견이었다. 지인은 양쪽의 주장 모두 일리가 있어 마음을 정하기 힘들다며 애꿎은 커피 잔만 만지작거렸다. 한참을 침묵하던 지인이 입을 열었다.

"김 대표. 그 직원이 일베에 올린 글… 전부 삭제 좀 해줄 수 없겠어? 더 이상 말 안 나오게."

나는 지인의 요청을 받아들이기 어렵다고 답했다. 당사자의 의뢰가 아니기도 했거니와 그 직원의 과거 게시물을 둘러싼 논쟁이 끝나지 않은 상황에 개입하는 것은 적절하지 않다고 생각했다.

아무 생각 없이 올린 글이
거대한 편견과 악의가 된다

그 직원이 어떻게 되었는지 궁금해 나중에 지인에게 물어보았다. 승진되기는 했지만 다른 부서로 옮겨져 기존에 맡던 업무에서는 완전히 제외되었다고 한다. 비유하자면 연구원이 관리 부서로 발령 난 격이었다. 그 직원에게 눈치가 있다면 자신이 어떤 메시지를 받았는지 충분히 파악했으리라.

그 직원처럼 온라인 게시물에 발목 잡힌 사람이 한둘이 아니다. 공무원시험에 합격했다는 소식을 일베에 자랑스레 알렸다가 과거 활동 내역이 공개됨에 따라 결국 임용이 취소된 예가 있다. 일베에 성적 동영상을 올리는 바람에 징계를 받은 공무원의 이야기 또한 뉴스를 통해 알려졌다. 한 회사의 직원이 자사 판매 제품을 훼손했다는 인증 게시물을 일베에 올린 탓에 해당 회사 제품에 대한 불매 운동이 일어나기도 했다. 얼마 지나지 않아 일베 게시판에는 문제를 일으킨 직원의 자필 사과문이 올라왔다. 끝부분에 '모든 법적 책임을 달게 받겠다'라는 내용이 적혀 있었다.

인터넷 게시물 때문에 직장을 잃거나 제재를 받는 사례가 늘어나니 과거를 지우기 위해 우리 회사를 찾는 사람도 늘어나는 추세다. 그 탓에 내 미간 주름은 날이 갈수록 깊어지고 있다. 타인을 비방하고 조롱하는 게시물을 가벼운 마음으로 수백 수천 개 올렸다는 의뢰인의 이야기를 듣고 있노라면 이 의뢰를 과연 맡아야 할까 싶어지는 것이다.

한번은 의뢰인에게 질문을 해봤다. 도대체 그런 글은 왜 올린 거냐고. "취업 스트레스 때문에 잠깐 미쳤었나 봐요"라는 대답이 돌아왔다. 취업이 안 돼서 괴로워한 나머지 취업에 방해가 될 일을 저질렀다는 이야기다. 당최 무슨 논리인지 알 수가 없었다.

일베 같은 반사회적 커뮤니티가 권하는 '스트레스 해소법'은 한마디로 사회질서 훼손이다. 약자를 무시하고 규범을 어기고 역사를 왜곡하는 데서 즐거움을 찾으라고 부추긴다. 일탈의 유혹에 응한 사람들이 쌓아 올린 게시물은 거대한 편견과 악의가 되었다. 그사이 사회가 입은 피해가 커졌음은 물론이다.

공동체는 일베 회원들에게 잘못을 저지른 대가를 치르라고 요구하기 시작했다. 상황이 이러하니 채용 예정자며 동료 직원이 어떤 사람인지 온라인으로 확인하려는 시도는 늘어나면 늘어났지 줄어들지는 않을 듯하다.

지금까지 공들인 탑을 무너뜨리고 싶지 않다면

위기감이 들지 않는다고 큰소리치는 사람을 더러 본다. 글을 올리는 것만큼이나 지우는 것도 쉽다고 말한다. "내가 올린 게시물이니까 내가 원할 때 지우면 그만이지"라는데 글쎄, 말처럼 쉬울까? 운영을 종료한 사이트나 탈퇴한 곳의 게시물에 어떻게 접근한단 말인가. 예전에 올린 게시물을 스크랩했거나 캡처한 사람들은 또 어떻게 찾을 셈인가. 그렇게 저장된 게시물은 지우기는 고사하고 찾기조차 어렵다.

혼자 힘으로 전부 삭제할 수 없다는 사실을 깨달았지만 포기한 채 내버려둘 수도 없다면 남은 선택지는 우리 회사 같은 데이터 삭제 전문 업체다. 탈퇴했거나 차단당해 직접 다룰 수 없는 게시물, 다른 사이트로 널리 퍼져 일일이 확인하기 어려운 게시물 삭제를 요청할 수 있다. 보통 삭제 건수에 따라 비용이 책정되기 때문에 과거의 흔적이 많을수록 큰 비용을 지불해야 한다.

상당한 지출을 감수하면서까지 예전에 올린 게시물과 결별하려는 건 현재의 사회생활을 지키고 싶은 마음이 그만큼 크다는 의미일 것이다. 채용 시험에 합격하기 위해, 직장에서 지금의 지위에 오르기 위해 기울인 노력이 있을 터다. 공들인 탑을 무너뜨리고 싶지 않다는 마음을 충분히 이해한다.

부디 그 간절함을 평생토록 잘 유지했으면 좋겠다.

온라인 게시물을 올리기 전에는 '이걸 내가 올렸다는 사실이 밝혀져도 아무 문제 없을까?'라고 자문하자. 고민 없이 올린 게시물은 인생을 순식간에 나락으로 떨어뜨릴 수 있다. 나는 그런 사례를, 너무나 많이 봐왔다.

성추행 의혹이 터졌어요

성범죄 가해

2017년 10월, 하루 사이에 약 50만 개의 트윗이 "Me too"라고 말했다. '나도 피해자다'라는 의미였다. 미국 할리우드의 유명 영화 제작자 하비 와인스타인이 30여 년에 걸쳐 성범죄를 저질렀다는 사실이 드러난 직후 배우 알리사 밀라노가 트위터로 이렇게 제안했다. "이 문제의 심각성을 알리자는 차원에서, 성추행이나 성폭행을 당해본 여성이 있다면 'Me too'라고 써봅시다." 저 50만 건의 동조가 그 결과였다.

미국 시사 주간지 〈타임〉은 이 운동의 화제성과 영향력에 주목해 2017년 '올해의 인물'로 미투 운동 참여자들을 선정했다. 편집장의 말에 따르면 '#MeToo'라는 해시태그는 그해 말까지 85개국에서 수백만 번 쓰였다. 전 세계적 반향이 일었던 것이다. 우리나라에서 미투 운동이 본격적으로 화제에 오른 시기는 2018년 1월로 서지현 당시 창원지검 통영지청 검사가 자신의 상사였던 안태근 전 법무부 검찰국장의 성추행을 폭로한 사건이 계기가 되었다.

그 이후 대중에게 널리 알려진 유명 인사를 비롯한 수많은 사람이 우리 회사를 찾아왔다. 성추행 가해 의혹과 함께 퍼진 자신의 개인정보를 삭제해달라고 요청하기 위해서였다. 나는 의뢰가 들어오는 족족 거절했다.

"그러게 왜 그런 짓을 하셨어요? 딸 보기 부끄럽다는 생각 안 하셨습니까? 잘못을 하셨으면 응당 대가를 치르셔야죠. 그다음에 다시 찾아오세요."

쏘아붙이고 돌려보낼 때마다 지극히 당연한 대처를

했다고 생각했다. 일에는 엄연히 순서가 있다. 정말로 억울하다면 당당하게 나서서 누명을 벗으면 될 일이다. 죄를 저질렀다면 합당한 응징부터 받아야 한다. 내가 아는 것이라고는 의뢰인이 성추행 의혹을 받았다는 것뿐인데 어떻게 데이터부터 지워줄 수 있단 말인가. 그런 일은 성정에 맞지 않았다.

#MeToo 가해자에게 하고 싶은 말,
"잘못했으면 응당 대가를 치러야죠"

"사건 이후 여러 해가 지났다", "작은 실수였을 뿐이다"라는 말을 들으면 피해자 앞에서도 저 말을 그대로 할 수 있을까 하는 의문이 일었다. 내 어머니가, 내 아내가, 내 딸이 성추행을 당한다면 나는 아마 두 팔 걷어붙이고 지구 끝까지 쫓아가 가해자를 색출해내려 할 것이다. 당한 사람이 나라고 해도 마찬가지다. 범죄자가 죄에 걸맞은 응징을 받도록 사용 가능한 수단을 모두 동원할 것이다. 이런 이유에서 가해자를 도울 마음은 애당초 없었다.

성추행과는 아예 얽히려 들지 않았던 내가 맡을 뻔한 의뢰가 딱 한 건 있다. 한 여성이 찾아와 남편의 이야기를 꺼냈다. 대학교수인 그에게 성추행을 당했다는 학생들의 증언이 이어지는 중이라고 했다. 본인이야 그렇다 치더라도 자식들의 SNS에 비난이 쏟아지는 상황은 막았으면 한다고 호소하기에 겨우 알았다고 끄덕였다. 당사자를 직접 만나보기로 했다.

그는 학생들이 피해 사례로 드는 대표적인 사건들을 모두 인정했다. 다만 오해가 있었다고 주장했다. 분위기를 풀기 위한 농담과 친근감의 표시로 한 행동을 불쾌하게 여길 줄은 미처 몰랐다는 것이었다. 학생들 사이에서 자신이 보낸 적 없는 메시지와 다소 과장되게 연출된 사진들이 돌아다닌다면서 그 때문에 자신의 이미지가 더욱 추락했다는 이야기도 했다.

이야기를 듣다 보니 그의 입장에서는 억울한 부분도

꽤 있겠다는 생각이 들었다. 물론 그를 두둔하고 옹호하려는 것은 절대 아니다. 오히려 혹시 일하면서 농담이랍시고 상대방이 불쾌감을 느끼게 하는 언행을 하지는 않았는지 스스로 돌아보게 되었다. 혹시나 하는 마음에 그가 돌아간 후 카카오톡을 한참 훑어보았다.

하지만 그가 성추행했다는 증거는 차고 넘치는데, 그가 그러지 않았다는 증거는 하나도 없었다. 그가 돌아가고 난 후 그에 대한 제보는 더욱더 늘어나 있었다. 그에게 전화를 걸었다. "현 상황에서 삭제를 하면 후폭풍이 있을 것 같습니다. 괜히 삭제를 했다가 '뭔가 켕기는 것이 있는 것 아니냐'라는 소리를 듣기 십상입니다. 추후에 다시 이야기하기로 하고, 가족분들의 개인정보가 들어있는 게시물은 삭제 가능하니까 진행을 원하시면 연락 주세요."

전화기 너머로 그가 몹시 낙담했다는 기색이 읽혔다. 알겠다는 목소리에 영 힘이 없었다. 며칠 뒤 그의 부인으로부터 청천벽력 같은 이야기를 들었다. 그의 부고 소식

이었다. 그를 살릴 길은 없었을까 하는 생각에 한동안 밤
잠을 설쳤다.

지금까지의 내 행동을 돌아보았다. 성추행 가해자로
지목받은 의뢰인을 매번 돌려보낸 이유가 디지털 장의사
로서의 소신이 아니라 성추행 가해자에 대한 거부감이었
던 걸까? 평소 "범죄자에게도 인권이 있다"라고 말해왔
으니 불편한 죄를 지은 사람의 문제도 성의 있게 살폈어
야 하지 않나? 그의 이야기를 더 주의 깊게 들었다면 그
가 절망하는 대신 마음을 다잡지 않았을까? 도망쳐선 안
된다고 말해줬더라면. 비겁해지지 말고 용서를 구하자고
설득했더라면. 후회가 끊이지 않았다.

그러나, 비판의 범위가
무한으로 확장돼서는 안 된다

이것이 피해자가 원한 결과일까 하는 의문도 들었다. 내

가 피해 당사자라면 그의 죽음보다는 진심 어린 사과를 바랐을 것 같다. 그가 내린 마지막 선택은 피해자에게 죄책감을 줄 수 있다. 피해자가 부당한 공격을 받는 빌미가 될 여지도 있다. 사건 정보가 지나치게 퍼져 양쪽 모두 피해를 입고 말았다. 이렇게 되기 전에 막았어야 했다고 뒤늦게 가슴을 쳤다.

성추행 의혹을 받은 사람과 관련한 일은 절대로 맡지 않겠다는 생각이 조금 허물어졌다. 의혹이 사실로 드러나기 전에 혐의가 널리 알려지는 일에 대해서도 회의적이 되었다. 누군가가 죄를 지었다는 증거를 수사기관에 제출하는 일에는 아무 문제가 없지만 그 증거가 대중에게 알려지면 다양한 문제가 생길 수 있다. SNS나 언론의 전파력은 의혹을 받은 사람과 그의 가족뿐 아니라 의혹을 제기한 사람까지 전부 도마 위에 올려놓는다. 필요 이상의 관심과 음해가 이어지기 쉽다.

우리나라 헌법은 무죄추정의원칙을 천명하고 있다. 형사피고인은 유죄판결이 확정될 때까지 무죄로 추정된다는 내용이다. 형법에는 피의 사실을 공판 청구 전에 공표하지 말아야 한다는 조항이 있다. 수사 관련자가 업무 수행 중 알게 된 범죄 혐의를 재판이 열리기 전 공공에 알릴 경우 처벌을 받게 된다. 무죄 판결이 내려질 가능성을 배제하지 말아야 하기에 생긴 조항일 것이다.

모두에게 잊힐 권리가 있다는 생각과 상통하는 규정이다. 명백하지 않은 정보의 유출 때문에 생기는 위험으로부터 누구나 보호받아야 한다. 언론이 국민의 알 권리를 명분으로 삼아 일부에게만 드러나야 할 정보를 너무 많이 뿌린 것은 아닌지, 수사기관이 여론에 흔들리는 모습을 보여 피해자에게 간접적으로 공론화를 해야 한다는 압박을 주는 것은 아닌지 생각해볼 일이다.

"우리는 고통을 전하는 목소리에

빛을 지고 있다.

디지털 장의사로서

내 몫의 빚을 갚으려면

피해자 한 명 한 명의 사연에

더 깊게 귀를 기울여야 하리라."

4장

우리에게는

잊힐 권리가 있다

스스로 예방하는 방법

내가 연초마다 딸아이에게 해주는 이야기가 있다. "남자 친구는 사귀어도 좋지만 남자 친구랑 스킨십을 하고 있는 사진이나 네 몸이 노출되는 사진은 남기면 안 된다. 아니, 네 폰으로든 남자 친구 폰으로든 아예 찍지를 마."

만약 찍었다면 그 친구와 헤어질 때 핸드폰 사진첩부터 사진첩의 휴지통, 웹하드, 컴퓨터까지 확인해 파일을 지웠는지 확인해야 한다고 거듭 강조한다. 딸아이는 물론이고 옆에서 듣고 있던 아내까지 귀에 못이 박힐 지경이라며 그만 좀 이야기하라고 성화다. 하지만 14년째 디지털 장의사로 일하는 사람으로서 저 말은 백 번 천 번을 해도 부족하다고 생각한다. 무심코 찍은 사진이나 동영상 때문에 괴로워하는 사람을 워낙 많이 만났기 때문이다.

불법 콘텐츠로 이용될 소지가 있는 파일은 아예 만들지 말고 저장하지 말아야 한다. 그 밖에 조심해야 할 사항을 몇 가지 추렸다. 컴퓨터와 휴대폰을 어떻게 관리해야 하는지, 인터넷을 이용할 때 주의해야 할 점이 무엇인지 안내하고자 한다.

기기 암호 설정

문제의 소지가 있는 사진이나 영상은 가급적 남기지 않는 것이 좋지만, 가지고 있다면 철저히 관리해야 한다. 타인이 함부로 컴퓨터와 휴대폰에 접근하지 못하도록 암호를 설정해두어야 한다. 암호는 가급적이면 영문과 숫자가 결합되는 등 복잡한 형태로 만들고 주기적으로 변경하자.

프로그램 및 앱 최신 업데이트 확인

각종 프로그램과 앱의 최신 업데이트에 보안을 강화하는 내용이 포함되는 경우가 있다. 최신 업데이트를 적용하지 않으면 그만큼 해킹에 취약해지는 셈이므로 특히 휴대폰 소프트웨어, 컴퓨터 윈도우즈, 웹브라우저(인터넷 익스플로러, 크롬 등), 백신 프로그램의 최신 업데이트가 적용되어 있는지 확인하자. 백신 프로그램의 업데이트 확인 방법은 프로그램별로 다르니 그 외의 업데이트 확인법을 안내한다.

　- 안드로이드: 핸드폰의 '설정' 앱을 열어 '소프트웨어 업데이트'

항목을 클릭한다. 업데이트가 필요한 내용이 있을 경우 'N'이라는 글자가 나온다. '다운로드 및 설치'를 눌러 업데이트를 진행한다.

- iOS: 핸드폰의 '설정' 앱을 열어 '일반' 메뉴로 들어가면 '소프트웨어 업데이트' 항목을 확인할 수 있다. 클릭해 iOS가 최신 버전인지 여부를 확인하고 아닐 경우 업데이트를 진행한다.

- 윈도우즈(10 기준): 대부분 자동 업데이트 설정이 되어 있다. 업데이트 여부를 확인하고 싶다면 키보드의 윈도우 키를 누르고 좌측의 '설정'으로 들어간다. 새로 뜨는 창에서 '업데이트 및 보안'을 클릭하면 필요한 업데이트가 있는지, 마지막 확인 시각이 언제인지를 보여 준다.

- 인터넷 익스플로러: 11 이하 버전의 경우 익스플로러 창 상단 우측의 톱니바퀴 아이콘을 클릭해 맨 아래 'Internet Explorer 정보'를 확인하면 업데이트 버전을 확인할 수 있다. 업데이트에 대한 구체적인 정보는 파란색으로 된 글자를 클릭하여 확인한다. 에지의 경우 익스플로러 창 상단 우측의 점 세 개를 클릭해 하단의 '설정'으로 들어가 맨 아래 'Microsoft Edge 정보'

를 확인하면 브라우저가 최신 상태인지 여부를 알 수 있다.

- 크롬: 크롬 창 상단 우측의 점 세 개를 클릭해 하단의 '설정'으로 들어가 맨 아래 'Chrome 정보'를 확인하면 브라우저가 최신 상태인지 여부를 알 수 있다.

첨부 파일 또는 링크 클릭 주의

낯선 사람이 보낸 메일이나 메시지는 열지 않고 삭제하는 것이 가장 좋다. 혹여 열더라도 그 안에 포함된 첨부 파일 또는 링크를 무심코 클릭하지 않도록 한다. 클릭하는 순간 컴퓨터 혹은 핸드폰이 악성코드에 감염된다. 악성코드가 일으키는 문제는 기기 고장, 데이터 훼손 등 다양한데 디지털 장의사 입장에서 가장 우려하는 피해는 내부 파일 유출이다. 컴퓨터에 저장된 파일, 핸드폰에 저장된 연락처가 악성코드를 통해 빠져나갈 수 있으니 주의해야 한다.

불법 콘텐츠 검색 자제

불법 콘텐츠를 제공하는 사이트에는 아예 들어가지 않는 편이 낫다. 불법 콘텐츠를 보는 것 자체가 잘못된 일이라는 점은 말할 것도 없지만 다른 이유가 또 있다. 불법 콘텐츠를 제공하는 불법 사이트는 해커의 표적이 된다. 해당 사이트 회원의 개인정보가 유출되어 회원들이 피해를 입은 사례가 끊이지 않는다.

'당신이 방문한 불법 사이트를 통해 컴퓨터를 해킹했다. SNS 계정 정보를 확보했고 웹카메라로 불법 촬영물을 보는 당신 모습을 촬영했다. 비트코인을 송금하지 않으면 불법 사이트 접속 기록과 촬영 동영상을 당신의 SNS로 유포하겠다'라는 협박 메시지를 받아본 사람이 제법 많다. 불법 콘텐츠를 멀리하면 이러한 협박을 받을 일이 없다.

사이트별 아이디/암호 차별화

가입한 모든 사이트의 아이디와 암호를 통일하는 것은 위험하다. 한 곳의 개인정보가 새 나가면 다른 곳의 개인정보까지 줄줄이 빠져나갈 위험이 크다. 사이트 관리자가 자칫 잘못된 판단이라도 내리면 온라인 정보가 털리는 일쯤이야 식은 죽 먹기다. 번거롭더라도 사이트별로 별개의 아이디와 암호를 사용하는 편이 좋다. 비밀번호는 영문, 숫자, 특수기호를 조합해 여덟 자리 이상으로 만들고 주기적으로 변경하자.

광고 메시지 수신 여부 확인

회원 가입 시에 광고 메시지 수신 여부를 묻는 곳들이 있다. 가급적이면 수신하지 않기를 권한다. 광고 메시지 수신에 동의한다는 것은 회원으로 가입한 곳 외의 다른 곳에 개인정보를 제공한다는 의미다. 널리 퍼지는 만큼 유출될 위험이 커질 수밖에 없다. 광고 메시지 수신 여부를 묻는 문구가 눈에 잘 들어오지 않는 위치에 있거나 수신에 동의한다는 체크가 되어 있어 직접 해제해야 하는 경우가 많으니 꼼꼼히 확인해야 한다.

스스로 대처하는 방법

우리 회사를 가장 많이 찾는 연령대는 10대다. 그다음으로 문의를 많이 보내오는 연령대는 20대다. 우리 회사에서 10대 의뢰인에게 무료로 삭제 작업을 해주고 있다는 소식을 듣고 20대 초반의 의뢰인 몇몇이 사정을 해왔다.

"고작 몇 개월 전까지만 해도 10대였는데 저한테 무슨 돈이 있겠어요. 그냥 무료로 해주시면 안 돼요?"

회사를 운영하는 입장이라 무료 처리 범위를 늘리기는 어렵다. 하지만 그런 요청을 하는 심정은 이해한다.

사진이며 영상을 하루라도 빨리 삭제해야 하는데 의뢰 비용으로 쓸 돈은 없고, 부모님에게 손을 벌리자니 어디서부터 어떻게 이야기해야 할지 후폭풍은 어떻게 감당하면 좋을지 막막할 것이다.

누구나 다양한 이유로 잊힐 권리를 스스로 지켜야 하는 상황을 맞을 수 있다. 삭제해야 할 데이터를 처리하는 방법과 알아두면 유용한 관련 정보를 안내하고자 한다. 피해 상황에 대처하고 극복을 향해 나아가는 데 도움이 되기를 바란다.

증거 확보

피해 상황이 발생했을 경우 가장 먼저 해야 할 일은 증거 확보다. 화면 채증 작업, 사진 촬영, 녹음 등으로 피해를 입었다는 사실을 입증할 수 있는 자료를 갖추도록 한다. 다음의 정보를 확보하면 삭제 작업 및 수사 요청 시 도움이 된다.

- 가해자(유포자 포함)의 신상 정보: 이름 또는 아이디, 연락처(전화번호, 이메일 주소, SNS 계정 등), 사진, 인상착의…
- 파일 또는 게시물 정보: 제목, URL, 본문 내용이나 파일, 캡처 화면, 작성 또는 제작 일자…

• 휴대폰 갤러리 휴지통 확인 방법

가해자는 불법 촬영물을 삭제했다고 말하지만 실은 휴대폰 갤러리의 휴지통 안에 여전히 파일이 존재할 수도 있다. 이를 확인하는 방법은 다음과 같다.

- 삼성 갤럭시 등 안드로이드 폰: '갤러리' 앱을 클릭하면 이미지 상단 우측에 찍혀 있는 점 세 개를 확인할 수 있다. 이 점을 눌렀을 때 나오는 메뉴에서 '휴지통'을 선택해 파일을 확인한다.
- 애플 아이폰: '사진' 앱을 클릭한 뒤 하단 메뉴의 '앨범'을 누르면 나오는 '최근 삭제된 항목'으로 들어가 파일을 확인한다.

• 휴대폰 메모리 카드 파일 확인 방법

'내 파일' 앱 하단의 'SD 카드'를 클릭한다. SD 카드 속 폴더 목록이 보일 것이다. 사진이나 동영상은 다음 폴더 안에 들어가 있을 가능성이 크다.(휴대폰 내장 메모리 안의 동일 폴더를 확인하는 것 또한 도움이 될 수 있다.)

- DCIM, Download, KakaoTalkDownload, Pictures

삭제 대상 검색

촬영물이나 비방 게시물 등이 널리 퍼져 있을 경우에 필요한 과정이다. 삭제해야 할 게시물이 나올 법한 검색어를 추려 다수가 이용하는 사이트 위주로 검색해본다.

- 검색어 선정: 이름 또는 상호명, 게시물의 제목, 본문의 핵심
  단어들…

- 검색 사이트 선정: 포털사이트(네이버, 다음 등), 커뮤니티 사이트(디시인사이드, 일간 베스트 저장소 등), SNS(트위터, 인스타그램 등), 파일 공유 사이트(웹하드, P2P 사이트 등)…

● **이미지 구글링 방법**

구글에는 '구글 이미지'라는 이미지 전용 검색 기능이 있다. 검색창에 이미지를 넣으면 해당 이미지 또는 비슷한 이미지를 보여준다. 이미지가 어떤 웹사이트에 올라가 있는지 확인 가능하다.

- 데스크톱: 구글에 접속한 뒤 상단 우측의 '이미지'를 클릭해 '구글 이미지'로 전환한다. 검색창의 카메라 아이콘을 누르고 검색을 원하는 이미지를 업로드하여 검색한다.
- 모바일: 크롬 브라우저로 접속해 구글로 들어간 뒤 상단의 '이미지'를 클릭해 '구글 이미지'로 전환한다. 최상단의 주소 창 우측에 찍혀 있는 점 세 개를 누르고 하단의 '데스크톱 사이트'를 클릭한다. 검색창의 카메라 아이콘을 누르고 검색을 원하

는 이미지를 업로드하여 검색한다.

삭제 요청

많은 사이트에는 메인 페이지 하단에 고객 센터와 연결되는 링크가 있다. 포털사이트에서 '각 사이트명+고객 센터'로 검색해 해당 사이트의 고객 센터로 진입할 수도 있다. 고객 센터의 여러 메뉴 가운데 원하는 것을 선택해 안내에 따라 삭제를 요청한다.

일부 커뮤니티 사이트나 SNS는 게시물 각각에 신고 버튼을 달아둔다. 이 버튼을 클릭해 운영진에게 삭제가 필요한 게시물임을 알린다.

신고 가능 기관

디지털 범죄 피해에 대한 수사를 진행하고 피해자를 지원하는 기관 두 곳을 소개한다.

- 경찰청 사이버 수사국-사이버범죄 신고 시스템

  ecrm.cyber.go.kr

  : 인터넷상에서 일어난 범죄에 대한 수사 및 상담 요청, 제보가 모두 가능하다.
- 디지털 성범죄 피해자 지원 센터

  d4u.stop.or.kr

  : 피해자 상담, 데이터 삭제, 의료 지원 및 법률 지원 연계 서비스를 제공한다.

피해 발생 이후의 마음가짐

디지털 데이터 유포에 의한 피해를 입었다면 가해자를 찾고 수사를 의뢰하고 데이터를 삭제해야 한다. 그리고 무엇보다 피해자 본인의 마음을 돌보아야 한다. 눈에 보이지 않는 상처는 천천히 아물기에 한동안 힘든 시간을 보내게 될 수 있다. 그사이에 버팀목이 되어줄 만한 단단한 마음가짐이 필요하다.

수많은 의뢰를 처리하면서 피해자에게 들려주고 싶었던 말과 피해자 주변 사람들에게 전하고 싶었던 말을 정리해보았다. 피해 사실에 충격을 받은 나머지 자신을 해치는 생각으로 마음이 기울 때, 괴로워하는 피해자를 어떻게 도와야 할지 막막할 때 한번 살펴보고 참고해주었으면 좋겠다.

피해자의 마음가짐

• 자신을 돌본다. 육체적 또는 정신적 문제가 생기지는 않았는지 살피고 적절한 조치를 취한다. 특히 자책으로부터 스스로를 보호해야 한다. 가해자는 피해자의 죄책감을 이용해 더 큰 피해를 입히려 한다. 또한 자신을 지나치게 탓하다 보면 생각이 극단적인 방향으로 빠지기 쉽다. 반성은 더 안정적인 상태에서 해도 늦지 않다.

• 도움을 청한다. 혼자 감당하기는 어려울 것이다. 경

찰이나 각종 상담소의 도움을 받아도 좋고 우리 회
사 같은 데이터 삭제 업체에 연락해도 좋다. 당장 처
리에 나설 기운이 없어 믿을 만한 지인에게 털어놓
고 안정을 먼저 취하고 싶다면 그렇게 하자.

- 가해자의 요구에 응하지 않는다. 대부분의 경우 요
구를 받아들여도 상황이 나아지지 않는다. 피해자의
심리적, 물질적 고통을 덜어주려는 가해자는 없으니
"청구한 비용을 보내면 촬영물을 삭제해주겠다" 등
의 말은 무시하자.

- 가해자에게 법적 책임을 묻는다. 죄를 지은 사람이
죗값을 치르는 것은 당연한 일이거니와, 피해자의 처
벌 요구는 사회적으로 큰 의미가 있다. 피해자와 가
해자 주변에 범죄에 대한 경각심을 일깨울 수 있으
며, 어떤 범죄가 일어나고 있는지를 사회 구성원에게
알리고 관련 당국 등이 더 나은 대응책을 찾도록 촉

구하는 역할을 한다.

- 원하는 결과가 나오지 않았다 해도 실패한 것이 아니다. 피해 보상을 받지 못하거나 가해자가 처벌을 받지 않거나 데이터 삭제에 걸리는 시간이 예상 외로 길 수 있다. 그러나 사건을 해결하겠다고 결심한 용기를 비롯해 해결 과정에서 경험한 모든 것은 심리적 자산으로 분명히 남는다. 또한 오늘날의 범죄 관련 인식과 수사 방식, 처벌 법령 등은 피해자의 사연이 모여 점차 변해온 것이다. 더 정의로운 사회로 나아가기 위한 발판을 만들었다는 것은 작지 않은 성취다.

- 피해 사실은 삶의 한 부분이다. 어린 시절에 중요하게 여겼던 무언가가 사실은 그리 중요하지 않았음을 깨달은 경험이 있을 것이다. 당장은 피해로 인한 고통에 일상이 묻히겠지만 삶은 이후에도 계속된다. 피

해와 무관한 경험으로 인생을 계속 채워나갈 수 있
다는 사실을 기억하자.

피해자 주변인의 마음가짐

- 피해자의 이야기에 귀를 기울인다. 말을 보태려 하기
  보다는 듣는 데 집중한다. 단지 들어주기만 해도 피
  해자가 안정을 찾는 데 도움이 된다. 피해자는 혼자
  가 아니라는 메시지를 전달하는 것으로 충분하다.

- 피해자를 탓하거나 가해자를 두둔하지 않는다. 특히
  디지털 성범죄 피해를 입거나 악성 게시물에 시달
  린 사람은 자신의 목숨을 버리고 싶어질 만큼 큰 고
  통을 받고 있다. 관심을 보인다는 명목으로 피해자의
  행동이나 선택을 비난하거나 가해자를 이해하라고
  요구하지 않도록 주의한다.

- 피해자다운 모습을 강요하지 않는다. 피해자라면 시종일관 슬픔에 잠겨 있어야 한다는 편견은 피해자를 더욱 깊은 고통으로 몰아넣는다. 자연스러운 감정 표현을 수용하여 피해자가 일상을 회복할 수 있도록 돕는다.

- 불법 촬영물이나 악성 게시물의 내용을 궁금해하지 않는다. 피해자를 가장 고통스럽게 하는 것이 바로 촬영물이나 게시물의 유포다. 가까운 사람에게는 더더욱 숨기고 싶은 내용일지 모른다. 피해자 본인이 말하고 싶어 하지 않는 부분까지 들출 필요는 없다.

- 유포와 소장 또한 범죄 행위임을 분명히 인식한다. 가벼운 행동이 왜 범법 행위가 되는지 의아해하는 경우가 있는데 죄의 경중은 가해자 입장에서 매기는 것이 아니다. 호기심에 불법 촬영물을 보고 악성 게시물에 동조하는 '가벼운' 행위가 거대한 불법 촬영

물 시장을 만들고 악성 게시물을 경쟁적으로 올리는 세태를 만들었다. 소비가 곧 범죄임을 분명히 인지해야 한다.

다시 잊히기 위하여

독일의 심리학자 헤르만 에빙하우스는 망각에 대한 실험으로 유명하다. 그의 연구 결과에 따르면 인간은 정보를 받아들인 지 20분이 지나면 무려 42퍼센트를 잊는다. 한 시간 뒤에는 약 56퍼센트, 두 시간 후에는 약 64퍼센트를 잊어버린다. 엿새 후에는 76퍼센트 이상이 기억의 저편으로 사라진다.

요는 누구에게나 망각이 자연스러운 일이라는 것이다. 받아들인 정보 가운데 오래도록 기억에 남는 정보는 소수다. 인간은 이를 극복하기 위해 다양한 방법을 동원해왔다. 나무나 돌에 기호를 새겼고 종이에 글자를 적었다. 그리고 이제는 인터넷에 기록이 쌓여가고 있다.

디지털 데이터로서 존재하는 인터넷 기록은 작성, 보관, 검색이 모두 쉽다. 중증 환자의 건강 관리, 범죄 예방 및 수사, 마케팅 전략 수립, 기상 변화 예측 등 다양한 작업이 인터넷 기록을 바탕으로 이루어지고 있다. 인터넷 기록이 긍정적으로 쓰인 예시다.

그러나 부정적으로 쓰일 때도 많다. 지금까지 이 책에 등장한 사연만 보아도 인터넷 기록 특유의 문제점이 있다는 사실을 충분히 파악했을 것이다. 디지털 장의사 입장에서 가장 염려하는 문제점은 크게 두 가지다.

가장 큰 문제점은 사생활 유포 가능성이다. SNS는 사생활 공개 범위를 순식간에 넓혔다. 주변 가까운 사람에게만 알려지던 사생활은 SNS 서비스를 통해 전 세계에 노출되고 있다. 불필요한 관심이 지나친 인신공격으로 이어지는 사례가 흔하다.

웹하드나 P2P 서비스는 개인의 하드디스크 안에 있는 파일을 만천하에 뿌리는데 이 파일이 사생활을 담고 있을 경우 큰 문제가 된다. 순식간에 다수의 사용자가 파일을 내려받고 다른 곳으로 옮길 수 있기 때문에 당사자가 빠른 삭제를 원해도 작업이 쉽지 않다.

두 번째 문제점은 과거 기록의 수명 연장이다. 잊히고도 남았어야 할 예전 이야기가 인터넷 세상에서는 간단한 검색으로 다시금 떠오른다. 이미 풀린 오해, 오래전 끝난 연애, 예전에만 가졌던 견해를 쉽게 떨치기 어렵다. 유효기간이 지난 과거가 현재의 삶을 잠식하는 것이다.

1998년 미국 저널리스트 J. D. 라시카가 이런 말을 한 적이 있다. "우리의 과거는 디지털 피부에 문신처럼 아로새겨지고 있다. (중략) 인터넷은 결코 망각하지 않는다." 심지어 본인조차도 잊은 과거를 인터넷 기록은 모두 기억하고 있다. 인간은 과거를 반성하며 변화하는 존재지만 인터넷 기록은 그 변화를 곧잘 끌어내린다.

잊힐 권리는 인터넷 기록의 이러한 역기능에 맞설

수 있는 권리다. 유럽에서 관련 논의가 활발하게 이루어지고 있다. 잊힐 권리의 보장은 알 권리의 보장과 부딪치는 측면이 있는 터라 논의가 논쟁으로 번지곤 한다. 잊힐 권리가 필요하다는 주장을 할 때 가장 자주 언급되는 유럽의 사례 두 가지를 소개한다.

2012년 9월 당시 독일 영부인이었던 베티나 불프가 구글을 상대로 명예훼손 소송을 제기했다. 자신의 이름을 구글 검색창에 입력하면 성매매 관련 단어가 연관 검색어로 나왔기 때문이다. 불프가 삭제해야 한다고 본 연관 검색어는 총 여든다섯 개였다.

이에 대해 구글 대변인은 다음과 같은 입장을 내놓았다. "해당 검색어는 구글의 자동완성기능을 통해 표시된 것으로, 사용자들이 불프의 이름과 함께 많이 검색한 단어를 알고리즘에 의해 자동으로 노출한 결과이기에 삭제하기 곤란하다."

법원은 검색어 여덟 개에 대한 삭제를 지시했고 구글은 이에 따랐다. 이후에도 독일 법원은 구글의 자동완

성 검색어가 개인의 명예를 훼손할 수 있다는 판결을 내림으로써 잊힐 권리의 중요성을 알렸다.

두 번째 사례는 스페인의 변호사 마리오 코스테하 곤잘레스의 사례다. 그는 2010년 구글 검색창에 자신의 이름을 넣었다가 지우고 싶은 과거를 발견했다. 1998년에 부동산을 압류당했다는 기사가 나온 것이다. 기사에는 당시 그의 채무 내역까지 실려 있었다.

곤잘레스는 경제적으로 어려웠던 시절의 사적인 이야기가 12년 동안이나 인터넷에 떠돌아다녔다는 사실에 경악했다. 이제 형편이 나아져 빚을 모두 갚았으니 해당 기사는 더 이상 공개하기 적절한 정보가 아니라고 판단한 그는 구글과 신문사를 스페인 개인정보 보호원에 신고했다.

개인정보 보호원은 구글 측에 검색 결과에서 해당 기사를 삭제하라고 지시를 내렸다. 그러나 구글은 불복했고 사건은 유럽 사법재판소로 넘어갔다. 곤잘레스는 2014년이 되어서야 승소했는데 당시 유럽 사법재판소는 구글 이용자 모두가 잊힐 권리를 갖는다고 강조했다. 이 판결 이후 구글이 공식적으로 개인정보 삭제 요청을 받기 시작한 것으로 알려져 있다.

유럽 각국은 개인의 명예를 침해하는 행위는 불법에 해당한다는 입장을 견지하면서 잊힐 권리를 법적으로 보장하기 위해 적극적으로 움직여왔다. 그 결과로 2018년 4월에 역사상 가장 엄격한 개인정보 보호 규정이라고 평가받는 '유럽 일반 개인정보 보호법'이 만들어졌다.

우리나라에서 잊힐 권리에 대한 논의가 시작된 시기는 곤잘레스가 재판에서 승소한 2014년 이후다. 그때까지는 본인이 작성한 게시물을 삭제하려 해도 회원 탈퇴 등으로 게시물에 접근하지 못하면 그대로 두는 수밖에 없었다. 이 문제를 막고자 2016년에 '인터넷 자기 게시물 접근 배제 요청권 가이드라인'이라는 것이 생겼다.

풀어서 이야기하자면 인터넷에 작성한 게시물을 스스로 삭제할 수 없는 경우 게시판 관리자나 검색서비스 사업자에게 문제의 게시물을 가려달라고 요청할 수 있다

는 것이다. 우리나라에서 잊힐 권리를 제도적으로 보장
한 첫 사례다.

아직 그 외의 제도는 없지만 관련 법이 생겨날 가능
성은 있다. 법안 제정에 필요한 사항을 연구하는 국회 입
법 조사처에서 2020년 '잊힐 권리 법제화에 대한 검토'
라는 분석 자료를 만든 바 있다. 부작용을 최소화하면서
도 잊힐 권리를 충분히 보장할 수 있는 법이 만들어지기
를 바란다.

법제화는 유럽에 비해 우리나라가 늦었는데 제반 상
황을 보면 우리나라가 더 빨랐어야 하는 것이 아닌가 싶
다. 우리나라는 인터넷 보급률과 스마트폰 보유율이 세
계에서 가장 높은 나라다. 인터넷 정보와 관련한 피해 및
범죄 발생 빈도 또한 세계적인 수준이리라 짐작한다.

우리 회사에는 매달 수백 건의 문의 연락이 온다. 디
지털 데이터 삭제 서비스를 제공하는 회사는 우리 회사
외에도 있으니 실제로 고통받는 사람의 숫자는 그보다
훨씬 클 터다. 그렇게나 많은 이들이 본의 아니게 인터넷

으로 퍼져버린 자신의 정보를 보며 좌절하고 있다. 잊히
지 못해 괴로워하고 있는 것이다.

인간은 불필요한 기억을 망각하도록 태어났다. 그러
나 인터넷은 진화의 흐름을 거슬러 기억이라는 저주를
걸었다. 이제 인간 본연의 능력인 망각을 디지털 세상에
전해줄 때다. 우리는 다시, 잊혀야만 한다.

주

1. 〈부산일보〉, '디지털 장의사' 박형진, 미성년자 성 착취물 소지… 기소 의견 검찰 송치, 2020.07.09

   http://www.busan.com/view/busan/view.php?code=2020070910291995317

2. 〈중앙일보〉, [단독] "n번방 추적 디지털 장의사, 그도 성 착취 기생충이었다", 2020.05.07

   https://www.joongang.co.kr/article/23770589#home

3. MBN, [서울] 시민 3명 중 2명 몰카 불안… 모텔·목욕탕도 단속, 2019.06.18

   https://www.youtube.com/watch?v=NPk-iGyvWek

4. 〈연합뉴스〉, "모를 줄 알았지?" 클라우드에 몰카 영상 숨긴 20대 덜미, 2019.09.10

   https://www.yna.co.kr/view/AKR20190910130100054

5. SBS, 지인 능욕 당한 것도 충격인데… "이런 사진 왜 올렸어?", 2020.11.16

   https://news.sbs.co.kr/news/endPage.do?news_id=N1006076705

6. 〈베이비뉴스〉, 부모 86.1%, SNS에 자녀사진 게시… "셰어런팅, 범죄 노출 위험", 2021.03.04

   https://www.ibabynews.com/news/articleView.html?idxno=93306

**디지털 장의사,
잊(히)고 싶은 기억을
지웁니다**

초판 1쇄 인쇄 2021년 11월 1일 **초판 1쇄 발행** 2021년 11월 10일

지은이 김호진
펴낸이 이승현

편집2 본부장 박태근
W&G1 팀장 류혜정
편집 남은경
디자인 최우영
원고 정리 이혜정

펴낸곳 ㈜위즈덤하우스 **출판등록** 2000년 5월 23일 제13-1071호
주소 서울특별시 마포구 양화로 19 합정오피스빌딩 17층
전화 02) 2179-5600 **홈페이지** www.wisdomhouse.co.kr

ⓒ 김호진, 2021

ISBN 979-11-6812-036-5 (03300)